A Collection of Ballads, Romances, and Minor Poems,

FROM

GOETHE, SCHILLER, BÜRGER, UHLAND, SCHWAB, KÖRNER, ETC.

---

With Biographical Sketches,

INTRODUCTIONS, ARGUMENTS, GRAMMATICAL AND MISCELLANEOUS NOTES,

BY PROF. L. SIMONSON,

OF TRINITY COLLEGE, HARTFORD.

NEW YORK

HENRY HOLT AND COMPANY

F. W. CHRISTERN

BOSTON: CARL SCHŒNHOF

# Balladen-Buch

Eine Sammlung Balladen, Romanzen, und kleinerer Gedichte,

von

## Goethe, Schiller, Bürger, Uhland, Schwab, Körner, u. a.

---

Mit Lebensskizzen,
Einleitungen, grammatischen und sonstigen Anmerkungen,

von

**Professor L. Simonson,**
Trinity College, Hartford.

NEW YORK
HENRY HOLT AND COMPANY
F. W. CHRISTERN
BOSTON: CARL SCHOENHOF

Trow's
Printing and Bookbinding Co.,

TO THE

RIGHT REV. A. CLEVELAND COXE,

BISHOP OF WESTERN NEW YORK,

*A Student and Lover of German Literature,*

This Work is Dedicated,

AS A SLIGHT EXPRESSION OF GRATITUDE FOR HIS FRIENDSHIP TO

L. S.

# PREFACE.

Less than half a century ago, the knowledge of the German language was confined to the privileged few—now, it is considered not only an essential to a finished education, but has actually become the second language of our great Republic.

The aim of the present little work is to add one to the number of good textbooks, which render a study attractive to the learner and make his task a pleasure. Very few students of the German language in our country have access to all the works of the poets from which the present selection is made. It consists of specimens of the most popular modern German Ballads, and it is hoped may be more acceptable from the short biographical sketches, the notes on the text, and the introductions to those poems which are founded on history and legend.

It will be seen that the selections are made from the writers of the present period — the golden age of German Literature — beginning with Bürger, the father of the modern German ballad. The first selections are from Goethe, not because he stands first in time, or because he is the most conspicuous ballad-writer, but because he is regarded by his countrymen as the Prince of German poets. Then "the Ballad of the Count who was driven away, and returns," is placed first, not as Goethe's best ballad, but because of his notes to teach the way in which the ballad is to be interpreted.

According to his idea, the ballad has something *mysterious*, but not *mystic*; the latter character lies in the subject of a poem, the former in its treatment. The mysterious character of the ballad is found in the manner in which it is presented. The poet has his subject, his figures, their actions and motions so deeply impressed upon his mind, that he scarcely knows how to word them. He applies therefore all the three fundamental forms of poetry — the Epos, Lyric and Drama to express what is to excite the imagination and engross the mind; his beginning may be lyric, epic or dramatic, and the poet may change the forms at his pleasure, and may hasten the conclusion or prolong it indefinitely. The refrain, or repetition of the same concluding line, gives to this species of poetry a decidedly lyric character.

If we once fully enter into the spirit of the ballad, we can easily comprehend the ballads of all nations, because in certain ages, either contemporaneously or successively, minds act simultaneously. Beside, by a selection of such poems the whole art of poetry may be represented, since here the elements are not yet separated, but are still united as in the primeval egg of Hindoo mythology, and needing but a fuller development to soar on golden pinions — a splendid wonder.

Trinity College,
Hartford, Conn.

L. SIMONSON

## Johann Wolfgang von Goethe.

This world-renowned author and poet-prince of Germany, was born at Frankfort on the Mayne, the 28th of August, 1749. His father was a sollicitor, and held the rank of Imperial Councillor. He was a man of culture, possessed a good library and splendid collections of paintings and engravings, and spared neither means nor pains to unfold the abilities of his son, which were in early youth of peculiar promise. At the breaking out of the Seven Years' War, a French army marched into Germany, and Count of Thorane, the commander of the French forces, established his head-quarters in Goethe's house. The Count was a man of taste and a lover of the fine arts; and, made himself the centre of the artistic circle of Frankfort. Young Goethe, being allowed to be present at these conversations, seized the opportunity of learning the French language, and the privilege exercised a strong influence on his character and taste. At the age of sixteen, he was sent to the University of Leipzig to study Law, but he occupied himself more with the pursuits of general literature, poetry and art. In 1768, he returned to his father's house in a much impaired state of health, and was affectionately nursed by his mother, his sister Cornelia and by a friend of his mother's, a soul-sick lady, named von Klettenberg, who nevertheless influenced his mind and contributed to his mental and moral improvement. Under her influence he was led to study chemistry and alchimy, the effect of which is seen in "Faust". In 1770, to comply with his father's wishes, he went to Strassburg to finish his study of the Law, but chemistry and anatomy were his favorite pursuits. Here it was that he became acquainted with Herder, who exercised a lasting influence upon his life. A year later he took the degree of Doctor of Laws, and returned to Frankfort. In 1773, appeared his "Goetz von Berlichingen", and the next year, "Werther". In 1775, he accepted an invitation of the young Duke Karl August to the court of Weimar, where he received the rank of Councillor of Legation. He accompanied the duke on a journey to Switzerland, the fruit of which was his "Schweizerreise". On his return, in 1782, he was made President of the Council, and ennobled. In 1786, he set out for Italy, where he spent two years and after his return the duke made him Prime-Minister. Now appeared in succession: "Stella", "Clavigo", "Iphigenia", "Egmont", "Tasso", "Faust", "Gross-Cophta", "Wilhelm Meister's Apprenticeship", "Hermann and Dorothea", "Reineke the Fox", "Truth and Fiction", Wilhelm M. Wanderings" and his other numerous works.

His writings embrace almost every department of literature, and many of the sciences, which have gained for him the surname of "Der Vielseitige", the many sided.

Goethe died in Weimar, in 1833, at the age of 83.

---

## BALLAD

of the Count, who has been driven away, and returns to the Castle of his fathers.

V. I. Two boys in an old dreary castle among the woods seize upon the opportunity of their father being absent on a wolfs-hunt and their mother closeted in her oratory to let a minstrel into the solitary hall.

V. II. The old bard begins a historical song: "A count, while his enemies take his castle after having buried his treasures, escapes with his infant-daughter under his cloak.

V. III. He roams the world as an indigent bard. His child, a precious burden, grows up.

V. IV. The passing years are indicated by his cloak becoming discolored and tattered; the maiden has grown large and beautiful, no longer needing such a covering.

V. V. A princely knight passes by; instead of giving her alms, he seizes her fine hand and wooes her; her father consents.

V. VI. After her marriage, she separates unwillingly from her father; he goes abroad. But now the minstrel is out of character, it is he himself; he speaks in the first person, when he blesses daughter and grand child.

V. VII. He blessed the children, and we suspect, that he is not only the count in the lay, but that these are his grandchildren, the princess his daughter, and the princely hunter his son-in-law. We hope for the best; but soon we are frightened. The proud violent father returns; at the sight of the beggar who has dared to intrude upon his house, he is enraged and commands his servants to throw him into the dungeon. The children are terrified and the mother, who hastens hither, intercedes in the minstrel's favor.

V. VIII. The servants dare not to touch the reverend old man; mother and children plead; the prince suppresses his wrath for a moment (this would be a capital tableau on the stage). But the long suppressed anger breaks out, the proud prince has long since regretted having wedded a beggar's daughter.

V. IX. He utters the most contemptuous reproaches against wife and children.

V. X. The old man, who in his dignity has remained untouched by the hands of the menials, opens his mouth, and declares himself the father and grandfather, and also the late master of the castle, whom the family of the present owner had driven away.

V. XI. All the circumstances are cleared up; a successful revolution had driven away the King of the land and his adherants, one of whom was the Count, but now the king had returned and so his faithful vassals. The old man proves his title as the owner by pointing out the spot where he has buried his treasures, and announces universal amnesty in the realm as well as in his own house, and all ends well for all.

## Ballade
### vom vertriebenen und zurückkehrenden Grafen.

Herein, o du Guter! du Alter herein!
Hier unten im Saale da sind wir allein,
Wir wollen die Pforte verschließen.
Die Mutter sie betet, der Vater im Hain
Ist gangen die Wölfe zu schießen. [1]
O sing uns ein Mährchen, o sing es uns oft
Daß ich und der Bruder es lerne;
Wir haben schon längst einen Sänger gehofft, [2]
Die Kinder sie hören es gerne. [3]

1, gangen for gegangen. 2, einen Sänger, auf must be supplied before einen. 3, sie hören es gerne, gerne used with verbs, means to be fond of ..., to like to....

Im nächtlichen Schrecken, im feindlichen Graus,[1]
Verläßt er das hohe, das herrliche Haus,
Die Schätze die hat er vergraben.
Der Graf nun so eilig zum Pförtchen hinaus,[2]
Was mag er im Arme denn haben?[3]
Was birget er unter dem Mantel geschwind?
Was trägt er so rasch in die Ferne?
Ein Töchterlein ist es, da schläft nun das Kind. —
Die Kinder sie hören es gerne.

Nun hellt sich der Morgen, die Welt ist so weit,[4]
In Thälern und Wäldern die Wohnung bereit,
In Dörfern erquickt man den Sänger;
So schreitet und heischt[5] er undenkliche Zeit,[6]
Der Bart wächs't ihm länger und länger;
Doch wächs't in dem Arme das liebliche Kind,
Wie unter dem glücklichsten Sterne,
Geschützt in dem Mantel vor Regen und Wind —
Die Kinder sie hören es gerne.

Und immer sind weiter die Jahre gerückt,[7]
Der Mantel entfärbt sich, der Mantel zerstückt,
Er könnte sie länger nicht fassen,[8]
Der Vater er schaut sie, wie ist er beglückt!

---

1, im feindlichen Graus, in dread of the enemy. 2, Der Graf, flieht is to be supplied. 3, denn, omit, is merely used for emphasis. 4, hellt sich, auf understood. 5, heischt, begs. 6, undenkliche Zeit, time immemorial, means merely: many years. 7, weiter ...... gerückt, advanced. 8, fassen for umfassen, fig. cover, protect.

Er kann sich für Freude nicht lassen; [1]
So schön und so edel erscheint sie zugleich,
Entsprossen aus tüchtigem Kerne, [2]
Wie macht sie den Vater, den theuren, so reich! —
Die Kinder sie hören es gerne.

Da reitet ein fürstlicher Ritter heran,
Sie recket die Hand aus, der Gabe zu nahn,
Almosen will er nicht geben.
Er fasset das Händchen so kräftiglich an:
Die will ich, so ruft er, auf's Leben! [3]
Erkennst du, erwiedert der Alte, den Schatz,
Erhebst du zur Fürstin sie gerne;
Sie sey dir verlobet auf grünendem Platz — [4]
Die Kinder sie hören es gerne.

Sie segnet der Priester am heiligen Ort,
Mit Lust und mit Unlust nun ziehet sie fort, [5]
Sie möchte vom Vater nicht scheiden.
Der Alte wandelt nun hier und bald dort,
Er träget in Freuden sein Leiden.
So hab' ich mir Jahre die Tochter gedacht, [6]
Die Enkelin wohl in der Ferne;
Sie segn' ich bei Tage, sie segn' ich bei Nacht —
Die Kinder sie hören es gerne.

---

1, er......lassen, **he was beside himself with joy.** 2, tüchtigem Kerne, **noble stock.** 3, Die will ich auf's Leben, **I wish to possess her all my life.** 4, grünendem Platz, **grassy spot.** 5, nun ziehet sie fort, **now she goes from hence.** 6, Jahre, **for years.**

Er segnet die Kinder; da poltert's am Thor, [1]
Der Vater da ist er! Sie springen hervor,
Sie können den Alten nicht bergen —
Was lockst du die Kinder! du Bettler, du Thor!
Ergreift ihn, ihr eisernen Schergen! [2]
Zum tiefsten Verließ den Verwegenen fort!
Die Mutter vernimmt's in der Ferne,
Sie eilet, sie bittet mit schmeichelndem Wort —
Die Kinder sie hören es gerne.

Die Schergen sie lassen den Würdigen stehn,
Und Mutter und Kinder sie bitten so schön;
Der fürstliche Stolze verbeißet
Die grimmige Wuth, ihn entrüstet das Flehn,
Bis endlich sein Schweigen zerreißet.
Du niedrige Brut! du vom Bettlergeschlecht! [3]
Verfinsterung fürstlicher Sterne! [4]
Ihr bringt mir Verderben! Geschieht mir doch Recht [5] —
Die Kinder sie hören's nicht gerne.

Noch stehet der Alte mit herrlichem Blick,
Die eisernen Schergen sie treten zurück,
Es wächs't nur das Toben und Wüthen.
Schon lange verflucht ich mein ehliches Glück,
Das sind nun die Früchte der Blüthen!

---

1, da poltert's, when a loud noise is made. 2, ihr eisernen Schergen, fig. ye hardened slaves. 3, Bettlergeschlecht, beggar-race. 4, Verfinsterung, blot. 5, Geschieht mir doch Recht, it serves me right.

Man läugnete stets, und man leugnet mit Recht,
Daß je sich der Adel erlerne, [1]
Die Bettlerin zeugte mir Bettlergeschlecht —
Die Kinder sie hören's nicht gerne.

Und wenn euch der Gatte, der Vater verstößt, [2]
Die heiligsten Bande verwegentlich lös't, [3]
So kommt zu dem Vater, dem Ahnen!
Der Bettler vermag, so ergraut und entblößt,
Euch herrliche Wege zu bahnen. [4]
Die Burg die ist meine! Du hast sie geraubt,
Mich trieb dein Geschlecht in die Ferne; [5]
Wohl bin ich mit köstlichen Siegeln beglaubt! — [6]
Die Kinder sie hören es gerne.

Rechtmäßiger König er kehret zurück,
Den Treuen verleiht er entwendetes Glück, [7]
Ich löse die Siegel der Schätze. [8]
So rufet der Alte mit freundlichem Blick:
Euch künd' ich die milden Gesetze. [9]
Erhole dich, Sohn! Es entwickelt sich gut,
Heut einen [10] sich selige Sterne,
Die Fürstin sie zeugte dir fürstliches Blut —
Die Kinder sie hören es gerne.

---

1, daß....erlerne, that nobility may be learned or acquired. 2, verstößt, casts out. 3, verwegentlich, rashly. 4, Euch...... bahnen, put you on the way to greatness. 5, Ferne, the wide world. 6, mit ...... beglaubt, accredited by precious seals, i. e. documents. 7, verleiht......Glück, he restores their stolen fortune. 8, ich löse ...... Schätze, (I loosen the seals of the treasure) I can show the spot where my treasure is buried. 9, die......Gesetze, full amnesty. 10, sich einen, meet.

## Der Fischer.

Das Wasser rauscht', das Wasser schwoll,
Ein Fischer saß daran,
Sah nach dem Angel ruhevoll,
Kühl bis ans Herz hinan. [1]
Und wie er sitzt und wie er lauscht,
Theilt sich die Fluth empor; [2]
Aus dem bewegten Wasser rauscht
Ein feuchtes Weib hervor.

Sie sang zu ihm, sie sprach zu ihm:
Was lockst du meine Brut
Mit Menschenwitz und Menschenlist [3]
Hinauf in Todesgluth? [4]
Ach wüßtest du, wie's Fischlein ist [5]
So wohlig auf dem Grund,
Du stiegst herunter wie du bist
Und würdest erst gesund. [6]

Labt sich die liebe Sonne nicht,
Der Mond sich nicht im Meer?
Kehrt [7] wellenathmend ihr Gesicht [8]
Nicht doppelt schöner her? [7]

---

1, Kühl ...... hinan, the hidden meaning of this line is: with an unfeeling heart. 2, theilt...... empor, a wave rose high and separated. 3, Menschenwitz, Menschenlist, human wit, human art. 4, Todesglut, deadly glow (of the sun). 5, Wie's for wie es dem etc., how the fish feels light of heart. 6, und ......gesund, and wouldst receive true health. 7, kehrt sich her, returns. 8, wellenathmend, (wave-breathing) breathing the fresh dew.

Lockt dich der tiefe Himmel nicht,
Das feuchtverklärte Blau? [1]
Lockt dich dein eigen Angesicht
Nicht her in ew'gen Thau?

Das Wasser rauscht', das Wasser schwoll,
Netzt' ihm den nackten Fuß;
Sein Herz wuchs ihm so sehnsuchtsvoll, [2]
Wie bei der Liebsten Gruß.
Sie sprach zu ihm, sie sang zu ihm;
Da war's um ihn geschehn: [3]
Halb zog sie ihn, halb sank er hin,
Und ward nicht mehr gesehn.

---

## Der Schatzgräber.

Arm am Beutel, krank am Herzen, [4]
Schleppt' ich meine langen Tage.
Armuth ist die größte Plage,
Reichthum ist das höchste Gut!
Und, zu enden meine Schmerzen,
Ging ich einen Schatz zu graben.
Meine Seele sollst du haben!
Schrieb ich hin mit eignem Blut.

---

1, das...... Blau, the glorious glassy blue. 2, sehnsuchtsvoll, full of longing. 3, da......geschehen, 't was all over with him. 4, am, in.

Und so zog ich Kreis' um Kreise,
Stellte wunderbare Flammen,
Kraut und Knochenwerk zusammen:[1]
Die Beschwörung war vollbracht.[2]
Und auf die gelernte Weise
Grub ich nach dem alten Schatze
Auf dem angezeigten Platze:[3]
Schwarz und stürmisch war die Nacht.

Und ich sah ein Licht von weiten,
Und es kam gleich einem Sterne
Hinten aus der fernsten Ferne,
Eben als es zwölfe schlug.
Und da galt kein Vorbereiten.[4]
Heller ward's mit einemmale
Von dem Glanz der vollen Schale,[5]
Die ein schöner Knabe trug.

Holde Augen sah ich blinken
Unter dichtem Blumenkranze;
In des Trankes Himmelsglanze[6]
Trat er in den Kreis herein.
Und er hieß mich freundlich trinken;[7]
Und ich dacht': es kann der Knabe
Mit der schönen lichten Gabe
Wahrlich nicht der Böse seyn.[8]

---

1, Kraut und Knochenwerk, herbs and bones. 2, die...... vollbracht, the form of the incantation was done. 3, angezeigten, pointed out. 4, und......Vorbereiten, of no use were my preparations. 5, Schale, cup. 6, in...... Himmelsglanze, from the drink issued heavenly light. 7, er hieß mich, he bid me. 8, der Böse, the Evil-One.

Trinke Muth [1] des reinen Lebens!
Dann verstehst du die Belehrung,
Kommst, mit ängstlicher Beschwörung,
Nicht zurück an diesen Ort.
Grabe hier nicht mehr vergebens.
Tages Arbeit! Abends Gäste; [2]
Saure Wochen! Frohe Feste! [3]
Sey dein künftig Zauberwort.

---

## MIGNON.

### A Ballad.

Mignon is one of the most interesting characters in "Wilhelm Meister." When a mere child she was kidnapped by strolling jugglers in Italy, and brought to Germany where Meister fell in with her, and delivered her from her oppressors. A short time after he had become her protector, he heard her singing this song and only then discovered that she must be from sunny Italy. Mignon died in the bloom of life.

### Mignon.

Kennst du das Land wo die Citronen blühn, [4]
Im dunkeln Laub die Gold-Orangen glühn, [5]
Ein sanfter Wind vom blauen Himmel weht,
Die Myrte still und hoch der Lorbeer steht, [6]
Kennst du es wohl? [7]
Dahin! Dahin
Möcht' ich mit dir, o mein Geliebter, ziehn.

---

1, Muth, spirit. 2, Tages, Abends, for am Tage, am Abende. 3, sauere.... Feste, weary week-days, happy sabbath. 4, blühn, glühn, ziehn, the e of the suffix en is elided. 5, Goldorangen, gold-oranges. 6, die Myrte still for die stille Myrte, the modest or gentle myrtle. 7, wohl is often used as a complement of the interrogative, and is as beautiful as it is emphatic.

Kennst du das Haus?[1] Auf Säulen ruht sein Dach,
Es glänzt der Saal, es schimmert das Gemach,
Und Marmorbilder stehn und sehn mich an:[2]
Was hat man dir, du armes Kind, gethan?[3]
Kennst du es wohl?
Dahin! Dahin
Möcht' ich mit dir, o mein Beschützer, ziehn.

Kennst du den Berg und seinen Wolkensteg?[4]
Das Maulthier sucht im Nebel seinen Weg;
In Höhlen wohnt der Drachen alte Brut;
Es stürzt der Fels und über ihn[5] die Fluth.
Kennst du ihn wohl?
Dahin! Dahin
Geht unser Weg! o Vater, laß uns ziehn!

---

## THE MINSTREL
(A Ballad.)

is likewise from Wilhelm Meister's Apprenticeship, book II. 2. The harper who sings it is Mignon's father, yet wholly ignorant of his relationship to her, though by chance in her company. He had fallen in love with a young lady and married her, and when he afterwards discovered that she was his sister, he determined to do penance in poverty.

### Der Sänger.

Was hör ich draußen vor dem Thor,
Was auf der Brücke schallen?

---

1, Haus, she means her paternal mansion of which she has still a faint idea. 2, Marmorbilder, marble statues. 3, gethan, she fancies that even the stones ask her and bewail her fate. 4, Wolkensteg, cloudy path. 5, stürzt, rushes, must be supplied.

Laß den Gesang vor unserm Ohr
Im Saale wiederhallen!
Der König sprach's, der Page lief;
Der Knabe kam,[1] der König rief;
Laßt mir herein den Alten!

Gegrüßet seid mir, edle Herrn,
Gegrüßt ihr, schöne Damen!
Welch reicher Himmel! Stern bei Stern!
Wer kennet ihre Namen?
Im Saal voll Pracht und Herrlichkeit
Schließt, Augen, euch; hier ist nicht Zeit
Sich staunend zu ergötzen.

Der Sänger drückt' die Augen ein,[2]
Und schlug in vollen Tönen;
Die Ritter schauten muthig drein,[3]
Und in den Schooß die Schönen.
Der König, dem das Lied gefiel,
Ließ ihm, zum Lohne für sein Spiel,
Eine goldne Kette bringen.

Die goldne Kette gieb mir nicht,
Die Kette gieb den Rittern,
Vor deren kühnem Angesicht
Der Feinde Lanzen splittern.

---

1, kam, zurück is to be supplied. 2, drückt ein for drückt zu, shuts. 3, drein, contract. of darein, implies nothing in English, the idea is that the minstrel's song pictures scenes and deeds in such lively colors, that the knights fancy they see them, and their courage is enkindled in emulation.

Gieb sie dem Kanzler, den du hast,
Und laß ihn noch die [1] goldne Last
Zu andern Lasten tragen.

Ich singe, wie der Vogel singt,
Der in den Zweigen wohnet;
Das Lied, das aus der Kehle dringt, [2]
Ist Lohn, der reichlich lohnet;
Doch darf ich bitten, bitt' ich eins:
Laß mir den besten Becher Weins
In purem Golde reichen.

Er setzt' ihn an, [3] er trank ihn aus:
O Trank voll süßer Labe! [4]
O! wohl dem hochbeglückten Haus, [5]
Wo das ist kleine Gabe!
Ergeht's euch wohl, [6] so [7] denkt an mich,
Und danket Gott so warm, als ich
Für diesen Trunk euch danke.

---

## THE ERL-KING.

**Goethe having put up one evening at a road-side inn, saw a man riding his horse at a sharp trot, and was told that the man, a farmer of the neighborhood was returning from the city, whither he had carried his sick child for a consultation. He sat down and wrote this ballad in the inspiration of the**

---

1, die for diese. 2, dringt, presses i. e. flows. 3, er setzt ihn an, he puts it (the cup) to his lips. 4, Labe for Labung, comfort. 5, wohl dem hochbeglückten Haus, (lit., well to the highly-favored house) how happy is this. 6, ergeht's euch wohl, if all goes well with you. 7, so, then.

moment. The Erlking (Erle is Alder-tree) is an evil spirit in Northern Mythology, which waylays children. The superstition is still current among nurses and children.

## Erlkönig.

Wer reitet so spät durch Nacht und Wind?
Es ist der Vater mit seinem Kind;
Er hat den Knaben wohl in dem Arm,
Er faßt ihn sicher, er hält ihn warm.

Mein Sohn, was birgst du so bang dein Gesicht? —
Siehst, Vater, du den Erlkönig nicht?
Den Erlenkönig mit Kron' und Schweif? — [1]
Mein Sohn, es ist ein Nebelstreif. — [2]

„Du liebes Kind, komm geh mit mir!
„Gar schöne Spiele spiel' ich mit dir; [3]
„Manch' bunte Blumen sind an dem Strand,
„Meine Mutter hat manch gülden [4] Gewand." —

Mein Vater, mein Vater, und hörest du nicht,
Was Erlenkönig mir leise [5] verspricht? —
Sei ruhig, bleibe ruhig, mein Kind;
In dürren Blättern säuselt der Wind. —

„Willst, feiner Knabe, du mit mir gehn?
„Meine Töchter sollen dich warten schön;
„Meine Töchter führen den nächtlichen Reihn [6]
„Und wiegen und tanzen und singen dich ein." — [7]

---

1, Schweif, train. 2, Nebelstreif, misty streak. 3, gar, very. 4, gülden, (poet.) for goldenes. 5, leise, in whispers. 6, Reihn, dance. 7, ein, belongs to either of the preceding compound separable verbs einwiegen, eintanzen, einsingen, and means to rock, to dance, to sing TO sleep.

Mein Vater, mein Vater, und siehst du nicht dort
Erlkönigs Töchter am düstern Ort? —
Mein Sohn, mein Sohn, ich seh' es genau:
Es scheinen die alten Weiden so grau. —

„Ich liebe dich, mich reizt deine schöne Gestalt;
„Und bist du nicht willig, so brauch' ich Gewalt." —
Mein Vater, mein Vater, jetzt faßt er mich an!
Erlkönig hat mir ein Leids[1] gethan! —

Dem Vater grauset's,[2] er reitet geschwind,
Er hält in den Armen das ächzende Kind,
Erreicht den Hof[3] mit Müh' und Noth;
In seinen Armen das Kind war todt.

---

## Das Blümlein Wunderschön.

### Lied des gefangnen Grafen.

Graf.

Ich kenn' ein Blümlein Wunderschön
Und trage darnach Verlangen;[4]
Ich möcht' es gerne zu suchen gehn,
Allein ich bin gefangen.
Die Schmerzen sind mir nicht gering;[5]
Denn als ich in der Freiheit ging,
Da hatt' ich es in der Nähe.

---

1, Leid's (euph.) for Leid. 2, grausen is a verb n. and unip. with the dative, thus the German says: IT shudders TO the father. 3, Hof, farm. 4, trage darnach Verlangen, I long for it. 5, Die......gering, it causes me no small regret.

Von diesem ringsum steilen Schloß
Laß ich die Augen schweifen, [1]
Und kann's vom hohen Thurmgeschoß [2]
Mit Blicken nicht ergreifen;
Und wer mir's vor die Augen brächt',
Es wäre [3] Ritter oder Knecht,
Der sollte mein Trauter [4] bleiben.

Rose.

Ich blühe schön, und höre dieß
Hier unter deinem Gitter.
Du meinest mich, die Rose, gewiß,
Du edler armer Ritter!
Du hast gar [5] einen hohen Sinn,
Es herrscht die Blumenkönigin
Gewiß auch in deinem Herzen.

Graf.

Dein Purpur ist aller Ehren werth [6]
Im grünen Ueberkleide; [7]
Darob [8] das Mädchen dein begehrt,
Wie Gold und edel Geschmeide.
Dein Kranz erhöht das schönste Gesicht:
Allein du bist das Blümchen nicht,
Das ich im Stillen verehre.

---

1, schweifen, roam. 2, Thurmgeschoß, tower-story. 3, es wäre, were he. 4, Trauter, friend. 5, gar, very. 6, ist..... werth, deserves full honors. 7, Ueberkleide, cloak. 8, darob for this.

### Lilie.

Das Röslein hat gar stolzen Brauch
Und strebet immer nach oben;[1]
Doch wird ein liebes Liebchen auch
Der Lilie Zierde[2] loben.
Wem's Herze[3] schlägt in treuer Brust
Und ist sich rein, wie ich, bewußt,[4]
Der hält mich wohl am höchsten.

### Graf.

Ich nenne mich zwar keusch und rein,
Und rein von bösen Fehlen;
Doch muß ich hier gefangen sein,
Und muß mich einsam quälen.
Du bist mir zwar ein schönes Bild
Von mancher Jungfrau, rein und mild:
Doch weiß ich noch was Liebers.[5]

### Nelke.

Das mag wohl ich, die Nelke, sein
Hier in des Wächters Garten,
Wie würde sonst der Alte mein
Mit so viel Sorgen warten?[6]

---

1, nach oben, for the highest place. 2, Zierde, grace. 3, wem's Herze, whose heart. 4, ist sich bewußt, is conscious. 5, was Lieber's, for etwas Lieberes, that's dearer. 6, mein warten, (poet. form for mich warten) tend me — mein, dein, sein, (poet.) for meiner, deiner, seiner.

Im schönen Kreis der Blätter Drang, [1]
Und Wohlgeruch das Leben lang,
Und alle tausend Farben.

Graf.

Die Nelke soll man nicht verschmähn,
Sie ist des Gärtners Wonne:
Bald muß sie in dem Lichte stehn,
Bald schützt er sie vor Sonne;
Doch was den Grafen glücklich macht,
Es ist nicht ausgesuchte Pracht: [2]
Es ist ein stilles Blümchen.

Veilchen.

Ich steh verborgen und gebückt,
Und mag nicht gerne [3] sprechen,
Doch will ich, weil sich's eben schickt, [4]
Mein tiefes Schweigen brechen.
Wenn ich es bin, du guter Mann,
Wie schmerzt mich's, daß ich hinauf nicht kann
Dir alle Gerüche senden.

Graf.

Das gute Veilchen schätz' ich sehr:
Es ist so gar bescheiden
Und duftet so schön; doch brauch' ich mehr
In meinem herben Leiden.

---

1, im.... Drang, **in the midst of a fair leafy throng.** 2, ausgesuchte Pracht, **exquisite splendor.** 3, mag nicht gerne, **I am not fond of.** 4, weil......schickt, **since it is now beseeming.**

Ich will es euch nur [1] eingestehn:
Auf diesen dürren Felsenhöhn [2]
Ist's Liebchen nicht zu finden.

Doch wandelt unten, an dem Bach,
Das treuste Weib der Erde,
Und seufzet leise manches Ach,
Bis ich erlöset werde.
Wenn sie ein blaues Blümchen bricht,
Und immer sagt: Vergiß mein [3] nicht!
So fühl ich's in der Ferne.

Ja, in der Ferne fühlt sich die Macht,
Wenn zwei sich redlich lieben;
Drum bin ich in des Kerkers Nacht,
Auch noch lebendig geblieben.
Und wenn mir fast das Herze bricht,
So ruf ich nur: Vergiß mein nicht!
Da komm' ich wieder ins Leben.

---

### Der Junggesell und der Mühlbach.

Gesell.

Wo willst du, klares Bächlein hin,
So munter?
Du eilst mit frohem leichtem Sinn
Hinunter.
Was suchst du eilig in dem Thal?
So höre doch und sprich einmal!

---

1, nur, freely. 2, dürren Felsenhöhn, bare rocky heights. 3, mein, see note 6, page 18. 4, doch, prithee.

Bach.

Ich war ein Bächlein, Junggesell;
Sie haben
Mich so gefaßt, damit ich schnell,
Im Graben,
Zur Mühle dort hinunter soll,
Und immer bin ich rasch und voll.

Gesell.

Du eilest mit gelaßnem Muth [1]
Zur Mühle,
Und weißt nicht was ich junges Blut
Hier fühle.
Es blickt die schöne Müllerin
Wohl freundlich manchmal nach dir hin?

Bach.

Sie öffnet früh beim Morgenlicht
Den Laden, [2]
Und kommt, ihr liebes Angesicht
Zu baden.
Ihr Busen ist so voll und weiß;
Es wird mir gleich zum Dampfen heiß. [3]

Gesell.

Kann sie im Wasser Liebesgluth
Entzünden;
Wie soll man Ruh mit Fleisch und Blut

1, gelaßnem Muth, quiet mood. 2, Laden, shutter. 3, Es ......heiß, I quickly grow so hot, that I could steam.

Wohl [1] finden?
Wenn man sie Einmal nur gesehn,
Ach! immer muß man nach ihr gehn.

Bach.

Dann stürz' ich auf die Räder mich
Mit Brausen,
Und alle Schaufeln [2] drehen sich
Im Sausen. [3]
Seitdem das schöne Mädchen schafft [4]
Hat auch das Wasser beſſ're Kraft.

Gesell.

Du armer, fühlst du nicht den Schmerz,
Wie Andre?
Sie lacht dich an, und sagt im Scherz:
Nun wandre!
Sie hielte dich wohl selbst zurück
Mit einem süßen Liebesblick?

Bach.

Mir wird so schwer, so schwer vom Ort
Zu fließen:
Ich krümme mich nur sachte fort
Durch Wiesen;
Und käm' es erst auf mich nur an, [5]
Der Weg wär' bald zurückgethan.

---

1, wohl, then. 2, Schaufeln, paddles. 3, im Sausen, as in a storm. 4, schafft, tends (the mill). 5, und......an, and if I could as I would, or if I had for once my own way.

### Gesell.

Geselle [1] meiner Liebesqual,
Ich scheide;
Du murmelst mir vielleicht einmal
Zur Freude.
Geh, sag' ihr gleich, und sag' ihr oft,
Was still der Knabe wünscht und hofft.

---

## THE TRUSTY ECKART.

**The trusty Eckart, in the legends of Germany, is a good old wonder-man, a lover of children who plays with them and protects them from evil influence. "UNHOLDINNEN" are the witches, in opposition to "HOLDINNEN", "HOLDEN", "HULDINNEN" or "HULDEN": The Graces. The people however gave them often the latter name (see v. II) from fear of attracting their displeasure.**

### Der getreue Eckart.

O wären wir weiter, o wär' ich zu Haus!
Sie kommen, da kommt schon der nächtliche Graus; [2]
Sie sind's die unholdigen Schwestern. [3]
Sie streifen heran [4] und sie finden uns hier,
Sie trinken das mühsam geholte das Bier,
Und lassen nur leer uns die Krüge.

---

1, Geselle, partner. 2, nächtliche Graus, the horror of night. 3, unholdigen Schwestern — Jemanden unhold sein means: to be unkind to some one. 4, sie streifen heran, they come sweeping hither.

So sprechen die Kinder und drücken sich schnell; [1]
Da zeigt sich vor ihnen ein alter Gesell:
Nur stille, [2] Kind! Kinderlein, stille!
Die Hulden sie kommen von durstiger Jagd [3]
Und laßt ihr sie trinken wie's jeder behagt,
Dann sind sie euch hold die Unholden.

Gesagt so geschehn! [4] und da naht sich der Graus
Und siehet so grau und so schattenhaft aus,
Doch schlürft es und schlampft es aufs beste. [5]
Das Bier ist verschwunden, die Krüge sind leer;
Nun saus't und braus't es, das wüthige Heer, [6]
Ins weite Gethal [7] und Gebirge.

Die Kinderlein ängstlich gen Hause so schnell, [8]
Gesellt sich zu [9] ihnen der fromme Gesell!
Ihr Püppchen,[10] nur seid mir [11] nicht traurig. —
Wir kriegen[12] nun Schelten und Streich' bis aufs Blut. —[13]
Nein keineswegs, alles geht herrlich und gut,
Nur schweiget und horchet wie Mäuslein.

---

1, drücken sich, (vulg.) depart (clandestinely). 2, nur stille! now hush! 3, sie......Jagd, for sie kommen durstig von der Jagd. 4, gesagt, so geschehen, so said, so done. 5, Doch...... beste, it sips and it laps with good relish. 6, wüthige Heer, the wild host. 7, Gethal, (poet.) for Thal. 8, die Kinderlein, the verb e i l e n is understood. 9, Gesellt sich zu — sich Einem zugesellen, to join one. 10, Püppchen, (fam.) pet, darling. 11, mir, omit, it has no meaning in English; in German however the dative of the pron. pers. is often used in familiar talk. 12, kriegen, (vulg.) for bekommen, erhalten. 18, bis aufs Blut, until blood flows.

Und der es euch anräth und der es befiehlt,
Er ist es, der gern mit den Kindelein spielt,
Der alte Getreue, der Eckart.
Vom Wundermann hat man euch immer erzählt;
Nur hat die Bestätigung jedem gefehlt,
Die habt ihr nun köstlich in Händen.

Sie kommen nach Hause, sie setzen den Krug
Ein jedes den Eltern [1] bescheiden genug
Und harren der Schläg' und der Schelten.
Doch siehe man kostet: [2] ein herrliches Bier!
Man trinkt in die Runde [3] schon dreimal und vier
Und noch nimmt der Krug nicht ein Ende.

Das Wunder es dauert zum morgenden [4] Tag;
Doch fraget wer immer zu fragen vermag:
Wie ist's mit den Krügen ergangen? [5]
Die Mäuslein sie lächeln, im Stillen ergetzt; [6]
Sie stammeln und stottern und schwatzen [7] zuletzt,
Und gleich sind vertrocknet die Krüge.

Und wenn euch, ihr Kinder mit treuem Gesicht
Ein Vater, ein Lehrer, ein Aldermann spricht,
So horchet und folget ihm pünktlich!
Und liegt auch das Zünglein in peinlicher Hut, [8]
Verplaudern [9] ist schädlich, verschweigen ist gut;
Dann füllt sich das Bier in den Krügen.

---

1, den Eltern, vor, is understood. 2, man kostet, they taste. 3, in die Runde, all around. 4, morgenden, next. 5, ergangen, happened. 6, im Stillen ergetzt, inwardly pleased. 7, schwatzen, let it out. 8, in peinlicher Hut, on painful guard. 9, verplaudert, to blab out.

### Gutmann und Gutweib.

Und morgen fällt St. Martins Fest,
Gutweib liebt ihren Mann!
Da knetet sie ihm Puddings ein
Und bäckt sie in der Pfann'.

Im Bette liegen beide nun,
Da saus't ein wilder West;
Und Gutmann spricht zur guten Frau:
Du riegle die Thüre fest. —

Bin kaum erholt und halb erwarmt,
Wie käm' ich da zu Ruh;
Und klapperte sie ein hundert Jahr
Ich riegelte sie nicht zu.

Drauf eine Wette schlossen sie [1]
Ganz leise sich ins Ohr:
So wer das erste Wörtlein spräch'
Der schöbe den Riegel vor.

Zwei Wanderer kommen um Mitternacht
Und wissen nicht wo sie stehn,
Die Lampe losch, der Herd verglomm, [2]
Zu hören ist nichts, zu sehn.

---

1, schlossen, made. 2, Der Herd verglomm, (the fire on) the hearth was extinguished.

Was ist das für ein Hexen-Ort? [1]
Da bricht uns die Geduld!
Doch hörten sie kein Sterbenswort, [2]
Deß [3] war die Thüre schuld.

Den weißen Pudding speis'ten sie,
Den schwarzen ganz vertraut.
Und Gutweib sagt' sich selber viel,
Doch keine Sylbe laut.

Zu diesem sprach der Jene dann·
Wie trocken ist mir der Hals!
Der Schrank der klafft [4] und geistig riecht's,
Da findet sich's allenfalls.

Ein Fläschchen Schnapps ergreif' ich da,
Das trifft sich doch geschickt!
Ich bring' es dir, du bringst es mir [5]
Und bald sind wir erquickt.

Doch Gutmann sprang so heftig auf
Und fuhr sie drohend an: [6]
Bezahlen soll mit theurem Geld [7]
Wer mir den Schnapps verthan! [8]

---

1, Hexen-Ort, charmed spot. 2, Sterbenswort, mortal word. 3, Deß for daran. 4, klafft, stand open. 5, ich......mir, I drink thy health, and thou drink'st mine. 6, Und......an, Einen anfahren, (fig.) to address one harshly. 7, mit theuerem Geld, at a high price. 8, verthan, lavished.

Und Gutweib sprang auch froh heran,
Drei Sprünge als wär' sie reich:
Du, Gutmann, sprachst das erste Wort,
Nun riegle die Thüre gleich!

---

### Die wandelnde Glocke.

Es war ein Kind, das wollte nie
Zur Kirche [1] sich bequemen
Und Sonntags fand es stets ein Wie, [2]
Den Weg ins Feld zu nehmen.

Die Mutter sprach: Die Glocke tönt,
Und so ist dir's befohlen,
Und hast du dich nicht hingewöhnt, [3]
Sie kommt und wird dich holen.

Das Kind es denkt: die Glocke hängt
Da droben auf dem Stuhle. [4]
Schon hat's den Weg ins Feld gelenkt
Als lief es aus der Schule.

Die Glocke Glocke tönt nicht mehr,
Die Mutter hat gefackelt. [5]
Doch welch ein Schrecken hinterher! [6]
Die Glocke kommt gewackelt. [7]

---

1, zur Kirche, the verb gehen is understood. 2, ein Wie, (fig.) a pretext. 3, hingewöhnen, to be used to go thither. 4, Stuhle. belfry. 5, gefackelt, put a sham (on me). 6, hinterher, afterwards, presently. 7, gewackelt, wagging.

Sie wackelt schnell, man glaubt es kaum;
Das arme Kind im Schrecken
Es lauft, es kommt, als wie im Traum;
Die Glocke wird es decken.

Doch nimmt es richtig seinen Husch [1]
Und mit gewandter Schnelle
Eilt es durch Anger Feld und Busch
Zur Kirche, zur Capelle.

Und jeden Sonn- und Feiertag
Gedenkt es an den Schaden, [2]
Läßt durch den ersten Glockenschlag,
Nicht in Person sich laden.

---

## Der Zauberlehrling.

Hat der alte Hexenmeister
Sich doch einmal wegbegeben! [3]
Und nun sollen seine Geister
Auch nach meinem Willen leben;
Seine Wort' und Werke
Merkt' ich, und den Brauch, [4]
Und mit Geistesstärke
Thu' ich Wunder auch.

---

1, Husch, flight. 2, Schaden, fright. 3, sich wegbegeben, withdrawn. 4, den Brauch, the form.

Walle! walle[1]
Manche Strecke,
Daß, zum Zwecke,[2]
Wasser fließe,
Und mit reichem vollem Schwalle[3]
Zu dem Bade sich ergieße.

Und nun komm, du alter Besen!
Nimm die schlechten Lumpenhüllen;[4]
Bist schon lange Knecht gewesen;
Nun erfülle meinen Willen!
Auf zwei Beinen stehe,
Oben sei ein Kopf,
Eile nun und gehe
Mit dem Wassertopf!

Walle! walle
Manche Strecke,
Daß, zum Zwecke,
Wasser fließe,
Und mit reichem vollem Schwalle
Zu dem Bade sich ergieße.

Seht, er läuft zum Ufer nieder;
Wahrlich! ist schon an dem Flusse,
Und mit Blitzesschnelle[5] wieder
Ist er hier mit raschem Gusse.[6]

---

1, walle, **wander.** 2, zum Zwecke, **for my purpose.** 3, Schwalle, **flood.** 4, Lumpenhüllen, **(rag-mufflers) tattered mop-cloth.** 5, Blitzesschnelle, **lightning-swiftness.** 6, Guß, **gush.**

Schon zum zweitenmale!
Wie das Becken schwillt!
Wie sich jede Schale[1]
Voll mit Wasser füllt!

Stehe! stehe!
Denn wir haben
Deiner Gaben
Vollgemessen! —[2]
Ach, ich merk' es! Wehe! wehe!
Hab' ich doch[3] das Wort vergessen!

Ach das Wort, worauf am Ende
Er das wird, was er gewesen.
Ach, er läuft und bringt behende!
Wärst du doch der alte Besen!
Immer neue Güsse
Bringt er schnell herein,
Ach! und hundert Flüsse
Stürzen auf mich ein.

Nein, nicht länger
Kann ich's lassen;[4]
Will ihn fassen.
Das ist Tücke!
Ach! nun wird mir immer bänger!
Welche Miene! welche Blicke!

---

1, Schale, vessel. 2, vollgemessen, ample measure. 3, doch indeed. 4, kann ich's lassen, ihm gewähren or thun, understood, I can grant it to him, let him do it.

O, du Ausgeburt [1] der Hölle!
Soll das ganze Haus ersaufen?
Seh' ich über jede Schwelle
Doch schon Wasserströme laufen.
Ein verruchter Besen,
Der nicht hören will!
Stock, der du gewesen,
Steh doch wieder still!

Willst's am Ende
Gar nicht lassen? [2]
Will dich fassen,
Will dich halten,
Und das alte Holz behende
Mit dem scharfen Beile spalten.

Seht, da kommt er schleppend wieder!
Wie ich mich nur auf dich werfe,
Gleich, o Kobold, liegst du nieder;
Krachend trifft die glatte Schärfe. [3]
Wahrlich! brav getroffen!
Seht, er ist entzwei!
Und nun kann ich hoffen,
Und ich athme frei!

Wehe! wehe!
Beide Theile
Stehn in Eile

1, Ausgeburt, child. 2, Willst am Ende gar nicht lassen, wilt thou never stop it. 3, Schärfe, edge.

Schon als Knechte
Völlig fertig in die Höhe![1]
Helft mir, ach! ihr hohen Mächte!

Und sie laufen! Naß und näffer
Wird's im Saal und auf den Stufen.
Welch entsetzliches Gewässer!
Herr und Meister! hör' mich rufen! —
Ach da kommt der Meister!
Herr, die Noth ist groß!
Die[2] ich rief, die Geister,
Werd' ich nun nicht los.[3]

„In die Ecke,
Besen! Besen!
Seid's gewesen.
Denn als Geister
Ruft euch nur, zu seinem Zwecke,
Erst[4] hervor der alte Meister."

---

## FROM "FAUST".

Faust the great scholar is disgusted with life; he has devoted all his life to study but he has not found TRUTH, for a scholar as he is, he has forgotten the Wise King's admonition that "The Fear of God is the beginning of all Wisdom". It is Easter-eve, and in his despair he seizes a vial, pours the poison into a cup and puts it to his lips. At this moment the chime of a neighboring church with choral song is heard, as is customary on the continent, to announce the Resurrection of the Lord.

---

1, in die Höhe, straight up. 2, die, they who. 3, werd' ich nun nicht los, I can not rid myself of. 4, erst, only.

### Aus „Faust".

#### a. Chor der Engel.

Christ ist erstanden!
Freude dem Sterblichen,
Den die verderblichen,[1]
Schleichenden, erblichen
Mängel umwanden![2]

#### b. Faust

**listens and stops unconsciously the work of self-destruction thrilled with awe. — The thought of God long forgotten in the dust of his study, is yet faintly living in his bosom.**

Welch tiefes Staunen, welch ein heller Ton,
Zieht mit Gewalt das Glas von meinem Munde?
Verkündiget ihr dumpfen Glocken schon
Des Osterfestes erste Feierstunde?[3]
Ihr Chöre, singt ihr schon den tröstlichen Gesang,
Der einst um Grabesnacht[4] von Engelslippen klang,
Gewißheit einem neuen Bunde?

#### c. Chor der Frauen.

Mit Spezereien
Hatten wir ihn gepflegt,
Wir seine Treuen
Hatten ihn hingelegt;

1, verderblichen, **ruinous.** 2, Mängel umwanden, **infirmities wound round.** 3, Feierstunde, **festive hour.** 4, um Grabesnacht, **through sepulchral gloom.**

Tücher und Binden
Reinlich umwanden wir;
Ach! und wir finden
Christ nicht mehr hier.

d. Chor der Engel.

Christ ist erstanden![1]
Selig der Liebende,
Der die betrübende,
Heilsam' und übende
Prüfung[2] bestanden![3]

e. Faust.

Was sucht ihr, mächtig und gelind,
Ihr Himmelstöne,[4] mich am Staube?
Klingt dort umher, wo weiche[5] Menschen sind.
Die Botschaft hör' ich wohl, allein mir fehlt der Glaube;
Das Wunder ist des Glaubens liebstes Kind.
Zu jenen Sphären wag' ich nicht zu streben,
Woher die holde Nachricht tönt;
Und doch, an diesen Klang von Jugend auf[6] gewöhnt,
Ruft er auch jetzt zurück mich in das Leben.
Sonst[7] stürzte sich der Himmelsliebe Kuß
Auf mich herab, in ernster Sabbathstille:
Da klang so ahnungsvoll[8] des Glockentones Fülle,

---

1, erstanden, risen. 2, die....übende Prüfung, the trial working. 3, bestanden, stood. 4, Himmelstöne, heaven's sounds. 5, weiche, tender, pure-hearted. 6, von Jugend auf, from infancy. 7, sonst, it was a time when. 8, ahnungsvoll, prophetic.

Und ein Gebet war brünstiger Genuß; [1]
Ein unbegreiflich [2] holdes Sehnen
Trieb mich, durch Wald und Wiesen hinzugehn,
Und unter tausend heißen Thränen,
Fühlt' ich mir eine Welt entstehn. [3]
Dieß Lied verkündete der Jugend muntre Spiele,
Der Frühlingsfeier [4] freies Glück;
Erinn'rung hält mich nun, mit kindlichem Gefühle,
Vom letzten, ernsten [5] Schritt zurück.
O tönet fort, [6] ihr süßen Himmelslieder!
Die Thräne quillt, [7] die Erde hat mich wieder!

### Chor der Jünger.

Hat der Begrabene
Schon sich nach oben,
Lebend Erhabene, [8]
Herrlich erhoben;
Ist er in Werdelust [9]
Schaffender Freude [10] nah;
Ach! an der Erde Brust,
Sind wir zum Leide da.
Ließ er die Seinen

---

1, brünstiger Genuß, extacy of bliss. 2, unbegreiflich, mystic. 3, entstehen, rise. 4, Frühlingsfeier, spring-festival. 5, ernsten, fatal. 6, fort, on. 7, quillt, gushs. 8, Lebend Erhabene, the living glorious one. 9, Werdelust, blest new-birth; this word is made by Goethe, he means by it, "that our Saviour coming into life again, in being born in the upper life, enjoys a happiness nearly equal to that of the Creator in creating." 10, Schaffender Freude, creative rapture.

Schmachtend uns hier zurück;
Ach! wir beweinen,
Meister, dein Glück!

g. Chor der Engel.

Christ ist erstanden,
Aus der Verwesung Schooß.
Reißet von Banden
Freudig euch los!
Thätig ihn preisenden,[1]
Liebe beweisenden,
Brüderlich speisenden
Predigend reisenden,
Wonne verheißenden,
Euch ist der Meister nah,[4]
Euch ist er da!

---

# Lieder.

## Aus Wilhelm Meister.

### Mignon.

Nur wer die Sehnsucht kennt
Weiß, was ich leide!

---

1, thätig ihn preisenden, **means**: die ihn thätig Preisenden. Denen die ihn thätig, or durch Thaten preisen, **and so the other three lines must be understood**: Die ihm Liebe beweisen, ihre Brüder speisen und ihn der Welt predigen. **To those who do so**, „Euch“ **the Master**, der Wonne verheißende, **is near**.

Allein und abgetrennt [1]
Von aller Freude,
Seh ich ans Firmament
Nach jener Seite.
Ach! der mich liebt und kennt,
Ist in der Weite.
Es schwindelt mir, es brennt
Mein Eingeweide. [2]
Nur wer die Sehnsucht kennt
Weiß, was ich leide!

---

## Dieselbe.

Heiß [3] mich nicht reden, heiß mich schweigen,
Denn mein Geheimniß ist mir Pflicht;
Ich möchte dir mein ganzes Innre zeigen,
Allein das Schicksal will es nicht. [4]

Zur rechten Zeit vertreibt der Sonne Lauf
Die finstre Nacht, und sie muß sich erhellen; [5]
Der harte Fels schließt seinen Busen auf,
Mißgönnt [6] der Erde nicht die tiefverborgnen Quellen.

---

1, abgetrennt, separated. 2, Eingeweide, fig. heart; BOWELS is used in this sense in several languages. 3, heiß, bid. 4, will es nicht, g e s t a t t e n is understood. 5, sich erhellen, (filled with light) yield to the light. 6, mißgönnt, grudges.

Ein jeder sucht im Arm des Freundes Ruh,
Dort kann die Brust in Klagen sich ergießen;
Allein ein Schwur drückt mir die Lippen zu [1]
Und nur ein Gott vermag sie aufzuschließen. [2]

---

### Harfenspieler.

Wer sich der Einsamkeit ergiebt,
Ach! der ist bald allein;
Ein jeder lebt, ein jeder liebt,
Und läßt ihn seiner Pein.

Ja! laßt mich meiner Qual!
Und kann ich nur einmal
Recht einsam sein,
Dann bin ich nicht allein.

Es schleicht ein Liebender lauschend sacht,
Ob seine Freundin allein? [3]
So überschleicht [4] bei Tag und Nacht
Mich [4] Einsamen die Pein,
Mich Einsamen die Qual.
Ach werd' ich erst einmal
Einsam im Grabe sein,
Da läßt sie mich allein!

---

1, drückt zu, shuts. 2, aufzuschließen, to unlock, open 3, allein, sei is understood. 4, so überschleicht mich, thus creeps over me.

### Derselbe.

Wer nie sein Brod mit Thränen aß,
Wer nie die kummervollen Nächte
Auf seinem Bette weinend saß,
Der kennt euch nicht, ihr himmlischen Mächte!

Ihr führt ins Leben uns hinein,
Ihr laßt den Armen schuldig werden,[1]
Dann überlaßt ihr ihn der Pein:
Denn alle Schuld[2] rächt sich auf Erden.

---

## Andere Lieder.

---

### Gleich und gleich.

Ein Blumenglöckchen[3]
Vom Boden hervor
War früh gesprosset
In lieblichem Flor;[4]
Da kam ein Bienchen
Und naschte fein:[5] —
Die müssen wohl beide
Für einander sein.

1, schuldig, guilty. 2, Schuld, guilt. 3, Blumenglöckchen, little blue bell. 4, Flor, bloom. 5, naschte fein, gently sipped.

## Unschuld.

Schönste Tugend einer Seele,
Reinster Quell der Zärtlichkeit! [1]
Mehr als Byron, als Pamele
Ideal und Seltenheit!
Wenn ein andres Feuer brennet,
Flieht dein zärtlich schwaches Licht; [2]
Dich fühlt nur wer dich nicht kennet,
Wer dich kennt der fühlt dich nicht.

Göttin, in dem Paradiese
Lebtest du mit uns vereint;
Noch erscheinst du mancher Wiese
Morgens, eh die Sonne scheint.
Nur der sanfte Dichter siehet
Dich im Nebelkleide [3] ziehn; [4]
Phöbus kommt, der Nebel fliehet
Und im Nebel bist du hin.

---

## Nähe des Geliebten.

Ich denke dein,[5] wenn mir der Sonne Schimmer
Vom Meere strahlt;
Ich denke dein, wenn sich des Mondes Flimmer
In Quellen malt. [6]

---

1, Zärtlichkeit, sweetness. 2, zärtlich schwaches Licht, gentle, faint light. 3, Nebelkleide, misty robe. 4, ziehen, floating. 5, dein (poet.) for deiner, gen. of du. 6, sich malt, paints itself, reflects.

Ich sehe dich, wenn auf dem fernen Wege
Der Staub sich hebt;
In tiefer Nacht, wenn auf dem schmalen Stege
Der Wandrer bebt.

Ich höre dich, wenn dort mit dumpfem Rauschen
Die Welle steigt.
Im stillen Haine geh' ich oft zu lauschen,
Wenn alles schweigt.

Ich bin bei dir, du seist auch noch so ferne, [1]
Du bist mir nah!
Die Sonne sinkt, bald leuchten mir die Sterne.
O wärst du da!

---

## Meeresstille.

Tiefe Stille herrscht im Wasser,
Ohne Regung ruht das Meer,
Und bekümmert sieht der Schiffer
Glatte Fläche rings umher.
Keine Luft von keiner Seite! [2]
Todesstille fürchterlich!
In der ungeheuern Weite
Reget keine Welle sich.

---

1, du seist auch noch so ferne, **far as thou mayest be.** 2, Keine Luft von keiner Seite, **the second negative** keiner, **instead** von irgend einer **is a poet. license, but more emphatic.**

### Glückliche Fahrt.

Die Nebel zerreißen,
Der Himmel ist helle
Und Aeolus[1] löset
Das ängstliche Band.[2]
Es säuseln die Winde,
Es rührt sich der Schiffer.
Geschwinde! Geschwinde!
Es theilt sich die Welle,
Es naht sich die Ferne;
Schon seh' ich das Land!

---

### Erinnerung.

Willst du immer weiter schweifen?
Sieh, das Gute liegt so nah,
Lerne nur das Glück ergreifen,
Denn das Glück ist immer da.

---

### Neue Liebe, neues Leben.

Herz, mein Herz, was soll das geben?[3]
Was bedränget dich so sehr?
Welch ein fremdes neues Leben!

---

1, Aeolus, the Wind-God. 2, das ängstliche Band, carefully the fetters. 3, was soll das geben, what is to come of it?

Ich erkenne dich nicht mehr.
Weg [1] ist alles was du liebtest,
Weg warum [2] du dich betrübtest,
Weg dein Fleiß und deine Ruh —
Ach wie kamst du nur dazu!

Fesselt dich die Jugendblüthe,
Diese liebliche Gestalt,
Dieser Blick voll Treu' und Güte
Mit unendlicher Gewalt?
Will ich rasch mich ihr entziehen, [3]
Mich ermannen, ihr entfliehen,
Führet mich im Augenblick
Ach mein Weg zu ihr zurück.

Und an diesem Zauberfädchen, [4]
Das sich nicht zerreißen läßt,
Hält das liebe lose Mädchen [5]
Mich so wider Willen fest;
Muß in ihrem Zauberkreise
Leben nun auf ihre Weise.
Die Verändrung ach wie groß!
Liebe! Liebe! laß mich los!

---

1, weg, gone. 2, warum, for what. 3, will ich mich ihr entziehen, if I would withdraw from her. 4, Zauberfädchen, magic thread. 5, lose, wanton.

## Mailied.

Wie herrlich leuchtet
Mir die Natur!
Wie glänzt die Sonne!
Wie lacht die Flur!

Es dringen Blüthen
Aus jedem Zweig
Und tausend Stimmen
Aus dem Gesträuch.

Und Freud' und Wonne
Aus jeder Brust.
O Erd', o Sonne!
O Glück, o Lust!

O Lieb', o Liebe!
So golden schön,
Wie Morgenwolken
Auf jenen Höhn!

Du segnest herrlich
Das frische Feld,
Im Blüthendampfe[1]
Die volle Welt.

O Mädchen, Mädchen,
Wie lieb' ich dich!
Wie blickt dein Auge!
Wie liebst du mich!

---

1, Blüthendampfe, steaming blossoms.

So liebt die Lerche
Gesang und Luft,
Und[1] Morgenblumen
Den Himmelsduft,

Wie ich dich liebe
Mit warmem Blut,
Die du mir Jugend
Und Freund' und Muth

Zu neuen Liedern
Und Tänzen giebst.
Sei ewig glücklich,
Wie du mich liebst!

---

**Trost in Thränen.**

Wie kommt's, daß du so traurig bist,
Da[2] alles froh erscheint?
Man sieht dir's an den Augen an,[3]
Gewiß du hast geweint.

„Und hab' ich einsam auch geweint,
So ist's mein eigner Schmerz,
Und Thränen fließen gar[4] zu süß,
Erleichtern mir das Herz."

1, so lieben, is understood. 2, da, while. 3, sieht dir's an den — an, sees it in thy. 4, gar, indeed.

Die frohen Freunde laden dich,
O komm an unsre Brust!
Und was du auch verloren hast,
Vertraure [1] den Verlust.

„Ihr lärmt und rauscht, [2] und ahnet [3] nicht,
Was mich den Armen quält.
Ach nein, verloren hab' ich's nicht,
So sehr es mir auch fehlt."

So raffe denn dich eilig auf, [4]
Du bist ein junges Blut. [5]
In deinen Jahren hat man Kraft
Und zum Erwerben Muth.

„Ach nein, erwerben kann ich's nicht,
Es steht mir gar zu fern.
Es weilt so hoch, es blickt so schön,
Wie droben jener Stern."

Die Sterne, die begehrt man nicht,
Man freut sich ihrer Pracht,
Und mit Entzücken blickt man auf
In jeder heitern Nacht.

---

1, vertrauere, **fig. forget.** 2, Ihr lärmt und rauscht, **you talk aloud and revel.** 3, ahnet, **dream.** 4, raffe dich auf, **gather up thy spirits.** 5, ein junges Blut, **a young man.**

„Und mit Entzücken blick ich auf
So manchen lieben Tag;
Verweinen [1] laßt die Nächte mich,
So lang ich weinen mag.“

---

## An Lina.

Liebchen, kommen diese Lieder
Jemals wieder dir zur Hand,
Sitze beim Claviere nieder,
Wo der Freund sonst bei dir stand.

Laß die Saiten rasch erklingen
Und dann sieh ins Buch hinein;
Nur nicht lesen! immer singen,
Und ein jedes Blatt ist dein!

Ach wie traurig sieht in Lettern,
Schwarz auf weiß das Lied mich an,
Das aus deinem Mund vergöttern, [2]
Das ein Herz zerreißen kann!

---

1, verweinen, to pass away weeping. 2, vergöttern, make one a god.

## Johann Christoph Friedrich von Schiller

was born at Marbach Nov. 10, 1759. He manifested early an ardent imagination and a love for poetry. The poetical passages of the Old Testament and the works of the pious Klopstock were his favorite reading. Already when a child he had an ardent desire to study divinity, but his monarch, Charles, Duke of Wuertemberg, offered to educate him at his military school, known as the "Karlsschule", an offer which Schiller's father, who was in the duke's service, did not feel at liberty to decline. Here he lived in almost monastic seclusion from the world and under a severe discipline. In addition to the military studies, those of law and medicine were pursued there, and he selected the latter for a profession. The classics and poetry especially occupied part of his time. At the age of sixteen he wrote a translation of part of the "Aeneid" in hexameter. The reading of Shakspeare kindled in him an enthusiasm for the drama, and he began some pieces, which were afterwards burned. His original power first became manifest in "The Robbers", which he commenced at the age of eighteen, but when they had been on the stage in Mannheim, the duke had him put under arrest, commanding him to confine his writings to his profession. But Schiller was not the man who could bear such restraint, he fled from his native state and threw himself upon the world. From 1782 to 1789 he lived in several places, publishing besides minor poems the following dramas: "Cabal and Love", "Fiesco", "Don Carlos" &c. In 1787, he went to Weimar and was kindly received there by Wieland, Herder and Goethe. The next year, he wrote the "History of the Revolt of the Netherlands", a work suggested by the preparatory studies for "Don Carlos". In 1789, he was appointed, through the influence of Goethe, Professor of History at the University of Jena, where he lectured both on history and aesthetics. For several years afterwards, he occupied himself chiefly with history, aesthetics, the Kantian philosophy, and with the composition of his famous historical work, the "History of the Thirty Years War". In 1790, he married Charlotte von Lengefeld. In 1793, he formed the plan of publishing the "Horen" (Hours), as a monthly Periodical, with the assistance of the greatest names in Germany: Goethe, Herder, Jacobi, Matthisson &c. Soon after this time he published many of his finest lyrical poems. In 1797, he produced his first ballads, and in 1799 his dramatic masterpiece "Wallenstein" was finished. From this time he lived in Weimar, where in 1800 and 1801, he composed "Mary Stuart", "The Lay of the Bell" and "The Maid of Orleans". In 1802, he received from the Emperor of Germany a patent of nobility. "The Bride of Messina" appeared in 1803, and his last dramatic work "William Tell". In 1804, he repaired to Berlin to be present at a representation of "Tell" on the stage of the Royal theater, whither he returned to Weimar in a state of health which caused his friends to fear the worst for him. He continued ill and died May 9th, 1805, at the age of forty-six.

---

## THE RING OF POLYCRATES.

The subject of this Ballad is taken from the well-known correspondence between Amasis, King of Egypt, and Polycrates, in the third book of Herodotus (ch. 40—43). Polycrates was afterwards decoyed into the power of Orontes, governor of Sardis, and died on the cross. Herodotus informs us that the ring of Polycrates was an emerald set in gold, but Pliny says it was a sardonyx, and was supposed still to exist in his times in the Temple of Concord.

### Der Ring des Polykrates.

Er stand auf seines Daches Zinnen,
Er schaute mit vergnügten Sinnen [1]
Auf das beherrschte Samos hin.
„Dies Alles ist mir unterthänig,“
Begann er zu Aegyptens König,
„Gestehe, daß ich glücklich bin.“ —

---

1, mit vergnügten Sinnen, with proud looks.

„Du hast der Götter Gunst erfahren![1]
Die vormals deines Gleichen waren,
Sie zwingt jetzt deines Scepters Macht.
Doch Einer lebt noch, sie zu rächen;
Dich kann mein Mund nicht glücklich sprechen,
So lang des Feindes Auge wacht.“ —

Und eh der König noch geendet,
Da stellt sich von Milet[2] gesendet,
Ein Bote dem Tyrannen dar:
„Laß, Herr, des Opfers Düfte steigen,
Und mit des Lorbeers muntern Zweigen
Bekränze dir dein festlich Haar!“

„Getroffen sank dein Feind vom Speere,
Mich sendet mit der frohen Mähre
Dein treuer Feldherr Polydor —“
Und nimmt aus einem schwarzen Becken,
Noch blutig, zu der Beiden Schrecken,
Ein wohlbekanntes Haupt hervor.

Der König tritt zurück mit Grauen:[3]
„Doch warn' ich dich, dem Glück zu trauen,“
Versetzt er mit besorgtem Blick,
„Bedenk', auf ungetreuen Wellen —
Wie leicht kann sie der Sturm zerschellen —
Schwimmt deiner Flotte zweifelnd Glück.“

1, Du hast erfahren, thou hast experienced. 2, Myletos, a city south of Samos. 3, Grauen, fear.

Und eh'er noch das Wort gesprochen,
Hat ihn der Jubel unterbrochen,
Der von der Rhede jauchzend schallt.
Mit fremden Schätzen reich beladen,
Kehrt zu den heimischen Gestaden
Der Schiffe mastenreicher Wald.

Der königliche Gast erstaunet:
„Dein Glück ist heute gut gelaunet,
Doch fürchte seinen Unbestand.
Der Kreter waffenkund'ge Schaaren [1]
Bedräuen [2] dich mit Kriegsgefahren;
Schon nahe sind sie diesem Strand."

Und eh' ihm noch das Wort entfallen,
Da sieht man's von den Schiffen wallen,
Und tausend Stimmen rufen: „Sieg!
Von Feindesnoth [3] sind wir befreiet,
Die Kreter hat der Sturm zerstreuet,
Vorbei, geendet ist der Krieg!"

Das hört der Gastfreund mit Entsetzen:
„Fürwahr, ich muß dich glücklich schätzen!
Doch," spricht er, „zittr' ich für dein Heil.
Mir grauet vor der Götter Neide;
Des Lebens ungemischte Freude
Ward keinem Irdischen zu Theil." [4]

---

1, waffenkund'ge Schaaren, the warrior hosts. 2, bedräuen for bedrohen. 3, Feindesnoth, danger which threatens from an enemy. 4, ward zu Theil, fell to the lot.

„Auch mir ist alles wohl gerathen,
Bei allen meinen Herrscherthaten
Begleitet mich des Himmels Huld;
Doch hatt' ich einen theuren Erben,
Den nahm mir Gott, ich sah ihn sterben,
Dem Glück bezahlt' ich meine Schuld."

„Drum, willst du dich vor Leid bewahren,
So flehe zu den Unsichtbaren,
Daß sie zum Glück den Schmerz verleihn.[1]
Noch Keinen sah ich fröhlich enden,
Auf den mit immer vollen Händen
Die Götter ihre Gaben streun."

„Und wenn's die Götter nicht gewähren,
So acht' auf eines Freundes Lehren
Und rufe selbst das Unglück her;
Und was von allen deinen Schätzen
Dein Herz am höchsten mag ergötzen,
Das nimm und wirf's in dieses Meer!"

Und jener spricht, von Furcht beweget:
„Von Allem, was die Insel heget,[2]
Ist dieser Ring mein höchstes Gut.
Ihn will ich den Erinnen weihen,[3]
Ob sie mein Glück mir dann verzeihen."
Und wirft das Kleinod in die Flut.

---

1, verleihn, mingle. 2, heget, encloses. 3, Erinnen, furies

Und bei des nächsten Morgens Lichte —
Da tritt mit fröhlichem Gesichte
Ein Fischer vor den Fürsten hin:
„Herr, diesen Fisch hab' ich gefangen,
Wie keiner [1] noch ins Netz gegangen,
Dir zum Geschenke bring ich ihn."

Und als der Koch den Fisch zertheilet,
Kommt er bestürzt herbeigeeilet
Und ruft mit hocherstauntem Blick:
„Sieh, Herr, den Ring, den du getragen,
Ihn fand ich in des Fisches Magen,
O, ohne Grenzen ist dein Glück!"

Hier wendet sich der Gast mit Grausen:
So kann ich hier nicht ferner hausen, [2]
Mein Freund kannst du nicht weiter sein.
Die Götter wollen dein Verderben;
Fort eil' ich, nicht mit dir zu sterben."
Und sprach's, und schiffte schnell sich ein.

---

## THE DIVER.

The event on which Schiller has founded this ballad, matchless perhaps for the beauty and power of its descriptions, is taken from a story by A. Kircher (†1680). According to the true principles of imitative art, the poet has preserved all that is striking in the legend, and ennobled all that is commonplace. According to Hoffmeister's probable conjectures

---

1, wie keiner, as none like it. 2, hausen, stay.

**the King was either Frederic I. or II. of Sicily. The name of the diver was Nicola, surnamed the fish. Date: Fourteenth century.**

## Der Taucher.

„Wer wagt es, Rittersmann oder Knapp, [1]
Zu tauchen in diesen Schlund?
Einen goldnen Becher werf' ich hinab,
Verschlungen schon hat ihn der schwarze Mund. [2]
Wer mir den Becher kann wieder zeigen,
Er mag ihn behalten, er ist sein eigen."

Der König spricht es und wirft von der Höh'
Der Klippe, die schroff und steil
Hinaushängt in die unendliche See,
Den Becher in der Charybde Geheul.
„Wer ist der Beherzte, ich frage wieder,
Zu tauchen in diese Tiefe nieder?"

Und die Ritter, die Knappen um ihn her
Vernehmen's und schweigen still,
Sehen hinab in das wilde Meer,
Und keiner den Becher gewinnen will.
Und der König zum drittenmal wieder fraget:
„Ist Keiner, der sich hinunter waget?"

Doch alles noch stumm bleibt wie zuvor;
Und ein Edelknecht, [3] sanft und keck,
Tritt aus der Knappen zagendem Chor, [4]

---

1, Knapp for Knappe, squire. 2, schwarze Mund, dark whirlpool. 3, Edelknecht, squire. 4, zagendem Chor, (dat.) hesitating crowd.

Und den Gürtel wirft er, den Mantel weg,
Und alle die Männer umher und Frauen
Auf den herrlichen Jüngling verwundert schauen.

Und wie er tritt an des Felsen Hang [1]
Und blickt in den Schlund hinab,
Die Wasser, die sie hinunter schlang,
Die Charybde jetzt brüllend wiedergab, [2]
Und wie mit des fernen Donners Getose
Entstürzen [3] sie schäumend dem finstern Schooße.

Und es wallet [4] und siedet und brauset und zischt,
Wie wenn Wasser mit Feuer sich mengt,
Bis zum Himmel spritzet der dampfende Gischt, [5]
Und Fluth auf Fluth sich ohn' Ende drängt,
Und will sich nimmer erschöpfen und leeren,
Als wollte das Meer noch ein Meer gebären.

Doch endlich, da legt sich die wilde Gewalt, [6]
Und schwarz aus dem weißen Schaum
Klafft hinunter ein gähnender Spalt, [7]
Grundlos, als ging's in den Höllenraum,
Und reißend [8] sieht man die brandenden Wogen
Hinab in den strudelnden Trichter gezogen.

---

1, Hang, hanging verge. 2, wiedergab, cast up again. 3, entstürzen, to rush forth. 4, wallet, bubbles. 5, spritzet der dampfende Gischt, the steaming spray soars up. 6, legt sich die wilde Gewalt, the fury ceases. 7, klafft hinunter ein gähnender Spalt, down cleaves a yawning chasm. 8, reißend, hurling.

Jetzt schnell, eh die Brandung wiederkehrt,
Der Jüngling sich Gott befiehlt, [1]
Und — ein Schrei des Entsetzens wird rings gehört,
Und schon hat ihn der Wirbel hinweggespült, [2]
Und geheimnißvoll über dem kühnen Schwimmer
Schließt sich der Rachen; er zeigt sich nimmer. [3]

Und stille wird's über dem Wasserschlund,
In der Tiefe nur brauset es hohl,
Und bebend hört man von Mund zu Mund:
„Hochherziger Jüngling, fahre wohl!"
Und hohler und hohler hört man's heulen,
Und es harrt [4] noch mit bangem, mit schrecklichem Weilen

Und wärfst du die Krone selber hinein
Und sprächst: Wer mir bringet die Kron',
Er soll sie tragen und König sein!
Mich gelüstete nicht nach dem theuren Lohn.
Was die heulende Tiefe da unten verhehle,
Das erzählt keine lebende glückliche Seele.

Wohl manches Fahrzeug, vom Strudel gefaßt,
Schoß gäh in die Tiefe hinab;
Doch zerschmettert nur rangen [5] sich Kiel und Mast
Hervor [5] aus dem alles verschlingenden Grab —

1, befiehlt, commends. 2, hinweggespült, swept away. 3, Er zeigt sich nimmer, nimmer does not mean here never more, it means: he is lost sight of. 4, Es harrt, es, *it* meaning the spectators, compare, „Da bückt sich's", in the last verse, meaning the King's daughter etc. In the next verse the spectators, awstricken, philosophize on the daring attempt, the issue o. which they consider sure death. 5, rangen hervor, rose upwards.

Und heller und heller wie Sturmes Sausen,
Hört man's näher und immer näher brausen.

Und es wallet und siedet und brauset und zischt
Wie wenn Wasser mit Feuer sich mengt,
Bis zum Himmel spritzet der dampfende Gischt,
Und Well' auf Well' sich ohn' Ende drängt,
Und wie mit des fernen Donners Getose,
Entstürzt es brüllend dem finstern Schooße.

Und sieh! aus dem finster fluthenden Schooß,[1]
Da hebet sich's[2] schwanenweiß,
Und ein Arm und ein glänzender Nacken wird bloß,
Und es rudert mit Kraft und mit emsigen Fleiß,
Und er ist's, und hoch in seiner Linken
Schwingt er den Becher mit freudigem Winken.

Und athmete lang und athmete tief,
Und begrüßte das himmlische Licht.
Mit Frohlocken es einer dem andern rief:
„Er lebt! er ist da! es behielt ihn nicht!
Aus dem Grab, aus der strudelnden Wasserhöhle[3]
Hat der Brave gerettet die lebende Seele!"

Und er kommt; es umringt ihn die jubelnde Schaar;
Zu des Königs Füßen er sinkt,
Den Becher reicht er ihm knieend dar,

---

1, finstern fluthenden Schooß, **dark dashing waves.** 2, sich's, **something.** 3, strudelnde Wasserhöhle, **the charybdis.**

Und der König der lieblichen Tochter winkt,
Die füllt ihn mit funkelndem Wein bis zum Rande,
Und der Jüngling sich also zum König wandte:

„Lang lebe der König! Es freue sich,
Wer da athmet im rosigten Licht!
Da unten aber ist's fürchterlich,
Und der Mensch versuche [1] die Götter nicht,
Und begehre nimmer und nimmer zu schauen,
Was sie gnädig bedecken mit Nacht und Grauen."

„Es riß mich hinunter blitzesschnell,
Da stürzt' mir [2] aus felsigtem Schacht
Wildfluthend entgegen [2] ein reißender Quell; [3]
Mich packte des Doppelstroms wüthende Macht,
Und wie einen Kreisel mit schwindelndem Drehen
Trieb mich's um, [4] ich konnte nicht widerstehen."

„Da zeigte mir Gott, zu dem ich rief,
In der höchsten schrecklichen Noth,
Aus der Tiefe ragend ein Felsenriff, [5]
Das erfaßt' ich behend und entrann dem Tod.
Und da hing auch der Becher an spitzen Korallen,
Sonst wär' er in's Bodenlose [6] gefallen."

---

1, versuche, tempt, (imper.) 2, stürzt mir entgegen, rushes against me. 3, reißender Quell, resistless torrent (the Scylla). 4, Trieb mich's um, it whirled me around. 5, ragend, ein Felsenriff, a crag, rising. 6, Bodenlose, abyss.

„Denn unter mir lag's noch bergetief
In purpurner Finsterniß da,
Und ob's hier dem Ohre gleich ewig schlief,[1]
Das Auge mit Schaudern hinunter sah,
Wie's von Salamandern und Molchen und Drachen
Sich regt'[2] in dem furchtbaren Höllenrachen."

Schwarz wimmelten da, in grausem Gemisch,[3]
Zu scheußlichen Klumpen geballt,[4]
Der stachliche Roche, der Klippenfisch,
Des Hammers gräuliche Ungestalt,
Und dräuend[5] wies mir die grimmigen Zähne
Der entsetzliche Hai, des Meeres Hyäne."

„Und da hing ich, und war's mir mit Grausen bewußt,[6]
Von der menschlichen Hilfe so weit,
Unter Larven[7] die einzige fühlende Brust,
Allein in der gräßlichen Einsamkeit,
Tief unter dem Schall der menschlichen Rede
Bei den Ungeheuern der traurigen Oede."

„Und schaudernd dacht ich's, da kroch's heran,[8]
Regte hundert Gelenke zugleich,
Will schnappen nach mir; in des Schreckens Wahn[9]

---

1, ob's dem Ohre gleich ewig schlief, though the ear was totally deaf. 2, sich regt', move. 3, grausem Gemisch, fearful swarms. 4, zu scheußlichen Klumpen geballt, coiled in hideous masses. 5, dräuend threatening. 6, bewußt, conscious. 7, Larven, demons. 8, da kroch's heran, compare note 4, p. 57. The e 8 has been greatly admired; the poet vaguely alludes to the fabulous monster, the Polypus of the ancients. 9, Wahn, madness.

Laß ich los der Koralle umklammerten Zweig;[1]
Gleich faßt mich der Strudel mit rasendem Toben,[2]
Doch es war mir zum Heil, er riß mich nach oben."

Der König darob sich verwundert schier
Und spricht: „Der Becher ist dein,
Und diesen Ring noch bestimm' ich dir,
Geschmückt mit dem köstlichsten Edelgestein,[3]
Versuchst du's noch einmal und bringst mir Kunde,
Was du sahst auf des Meeres tiefunterstem[4] Grunde."

Das hörte die Tochter mit weichem Gefühl,
Und mit schmeichelndem Munde sie fleht:
„Laßt, Vater, genug sein das grausame Spiel!
Er hat euch bestanden,[5] was keiner besteht,
Und könnt ihr des Herzens Gelüsten nicht zähmen,
So mögen die Ritter den Knappen beschämen."

Drauf der König greift nach dem Becher schnell,
In den Strudel ihn schleudert hinein:
„Und schaffst du den Becher mir wieder zur Stell',[6]
So sollst du der trefflichste Ritter mir sein,
Und sollst sie als Ehgemahl heut noch umarmen,
Die jetzt für dich bittet mit zartem Erbarmen."

Da ergreift's[7] ihm die Seele mit Himmelsgewalt,
Und es blitzt aus den Augen ihm kühn,

---

1, umklammerten Zweig, **the branch I had hold of.** 2, rasendem Toben, **maddening roaring.** 3, Edelgestein **for** Edelstein. 4, tiefuntersten, **lowermost.** 5, bestanden, **done.** 6, schaffst zur Stelle, **producest.** 7, ergreift's, **it thrills.**

Und er siehet erröthen die schöne Gestalt,
Und sieht sie erbleichen und sinken hin;
Da treibt's ihn, den köstlichen Preis zu erwerben,
Und stürzt hinunter auf Leben und Sterben.

Wohl[1] hört man die Brandung, wohl kehrt sie zurück,
Sie verkündigt der donnernde Schall;
Da bückt sich's hinunter mit liebendem Blick,
Es kommen, es kommen die Wasser all,
Sie rauschen herauf, sie rauschen nieder,
Den Jüngling bringt keines wieder.

---

## THE CRANES OF IBYCUS.

Ibycus, a Grecian lyric poet and contemporary of Anacreon, born at Rhegium in Lower Italy, came towards the middle of the 6th Century B. C. to the splendid court of Polycrates at Samos. He then travelled extensively and was homeward bound when, according to a legend, he was waylaid and murdered. I. is said to have been the inventor of the Sambuca or triangular Cithera. Plutarch draws from the story merely a moral against loquacity. With Schiller the murderers are rude, dull fellows, over whom the impulse of the moment has all power. The exclamation of the one to his accomplice is quite natural in such circumstances; the awful hymn of the furies has not produced great remorse in him, which is evident by the quick snappish nature of his thoughtless exclamation: „Sieh da, Sieh da!" etc., the appearance of the Cranes merely reminds him of the circumstance, and thus he betrays himself.

---

1, wohl, omit (euphonic).

## Die Kraniche des Ibykus.

Zum Kampf der Wagen und Gesänge,
Der auf Korinthus Landesenge
Der Griechen Stämme froh vereint,
Zog Ibykus, der Götterfreund.
Ihm schenkte des Gesanges Gabe,
Der Lieder süßen Mund Apoll;
So wandert' er an leichtem Stabe
Aus Rhegium, des Gottes voll. [1]

Schon winkt auf hohem Bergesrücken
Akrokorinth [2] des Wandrers Blicken,
Und in Poseidons [3] Fichtenhain
Tritt er mit frommem Schauder ein.
Nichts regt sich um ihn her, nur Schwärme
Von Kranichen begleiten ihn,
Die fernhin nach [4] des Südens Wärme
In graulichtem Geschwader ziehn. [4]

„Seid mir gegrüßt, befreundte Schaaren,
Die mir zur See Begleiter waren!
Zum guten Zeichen [5] nehm' ich euch,
Mein Loos, es ist dem euren gleich.

---

1, des Gottes voll, inspired by the god (Apollo). 2, Akrokorinth, the citadel of Corinth, built on an eminence; akros, high, as also, the Acropolis of Athens. 3, Poseidon, the Greek name of Neptune. 4, nach....ziehen, who fly in greyish groups toward the sunny South. 5, Zeichen, omen.

Von fern her kommen wir gezogen [1]
Und flehen um ein wirthlich Dach —
Sei [2] uns der Gastliche gewogen,
Der von dem Fremdling wehrt die Schmach!“ [2]

Und munter fördert er die Schritte [3]
Und sieht sich in des Waldes Mitte;
Da sperren auf gedrangem Steg [4]
Zwei Mörder plötzlich seinen Weg.
Zum Kampfe muß er sich bereiten,
Doch bald ermattet sinkt die Hand,
Sie hat der Leier zarte Saiten,
Doch nie des Bogens Kraft [5] gespannt.

Er ruft die Menschen an, die Götter,
Sein Flehen dringt zu keinem Retter;
Wie weit er auch die Stimme schickt,
Nichts Lebendes wird hier erblickt.
„So muß ich hier verlassen sterben,
Auf fremdem Boden, unbeweint, [6]
Durch böser Buben Hand verderben,
Wo auch kein Rächer mir erscheint!“

Und schwer getroffen [7] sinkt er nieder,
Da rauscht der Kraniche Gefieder: [8]

---

1, gezogen, wandering. 2, Sei.... Schmach, may a hospitable friend be kind to us, who guards the stranger from (the) disgrace (of poverty). 3, fördert er die Schritte, he steps onward. 4, gedrangem Steg, narrow path. 5, Bogen's Kraft, heavy bow. 6, unbeweint, unwept. 7, schwer getroffen, mortally wounded. 8, Da....Gefieder, a flock of cranes wheel by.

Er hört, schon kann er nicht mehr sehn,
Die nahen Stimmen furchtbar krähn.
„Von euch, ihr Kraniche dort oben,
Wenn keine andre Stimme spricht,
Sei meines Mordes Klag' erhoben!"
Er ruft es, und sein Auge bricht.[1]

Der nackte Leichnam wird gefunden,
Und bald, obgleich entstellt[2] von Wunden,
Erkennt der Gastfreund[3] in Korinth
Die Züge,[4] die ihm theuer sind.
„Und muß ich so dich wiederfinden,
Und hoffte mit der Fichte Kranz[5]
Des Sängers Schläfe zu umwinden,
Bestrahlt von seines Ruhmes Glanz!"

Und jammernd hören's alle Gäste,
Versammelt bei Poseidons Feste,
Ganz Griechenland ergreift der Schmerz,
Verloren hat ihn jedes Herz.
Und stürmend drängt sich zum Prytanen[6]
Das Volk, es fordert seine Wuth,
Zu rächen des Erschlagnen Manen,[7]
Zu sühnen mit des Mörders Blut.

---

1, sein Auge bricht, **he was dead.** 2, entstellt, **disfigured.** 3, Gastfreund, **may be either the host who gives or the guest who receives hospitality — here it is the former.** 4, Züge, **features.** 5, Fichte Kranz, **the pine or laurel wreath with which the POET LAUREATE was adorned.** 6, Prytanen, **the members of the Council of the Five Hundred.** 7, Manen, **the Manes (departed spirits.)**

Doch wo die Spur, die aus der Menge,
Der Völker fluthendem Gedränge,[1]
Gelocket von der Spiele Pracht,
Den schwarzen Thäter kenntlich macht?
Sind's Räuber, die ihn feig erschlagen?
That's neidisch ein verborgner Feind?
Nur Helios[2] vermag's zu sagen,
Der alles Irdische bescheint.

Er geht vielleicht mit frechem Schritte
Jetzt eben durch der Griechen Mitte,
Und während ihn die Rache sucht,
Genießt er seines Frevels Frucht.
Auf ihres eignen Tempels Schwelle
Trotzt er vielleicht den Göttern, mengt
Sich dreist in jene Menschenwelle,[3]
Die dort sich zum Theater drängt.

Denn Bank an Bank gedränget sitzen,
Es brechen fast der Bühne Stützen,[4]
Herbeigeströmt[5] von fern und nah,
Der Griechen Völker wartend da.
Dumpfbrausend wie des Meeres Wogen,
Von Menschen wimmelnd wächst der Bau[6]

---

1, Der......Gedränge, the floods of people that have pressed hither. 2, Helios, Helios (the sun). 3, Menschenwelle, crowd. 4, Bühne Stützen, the pillars of the theater. 5, herbeigeströmt, flocked hither. 6, Von......Bau, the building is crammed with men.

In weiter stets geschweiftem Bogen[1]
Hinauf bis in des Himmels Blau.

Wer zählt die Völker, nennt die Namen,
Die gastlich hier zusammen kamen?
Von Cecrops Stadt,[2] von Aulis Strand,
Von Phocis, vom Spartanerland,
Von Asiens entlegner[3] Küste,
Von allen Inseln kamen sie,
Und horchen von dem Schaugerüste[4]
Des Chores grauser[5] Melodie,

Der, streng und ernst, nach alter Sitte,
Mit langsam abgemessnem Schritte
Hervortritt aus dem Hintergrund,
Umwandelnd des Theaters Rund.[6]
So schreiten keine ird'schen Weiber,
Die zeugete kein sterblich Haus!
Es steigt das Riesenmaß der Leiber[7]
Hoch über Menschliches hinaus.

Ein schwarzer Mantel schlägt die Lenden,[8]
Sie schwingen in entfleischten[9] Händen
Der Fackel düsterrothe[10] Gluth,

---

1, In....Bogen, in gradually enlarged circles. (It is an amphitheater, the lower rows are the smallest, and the uppermost the largest.) 2, Cecrop's Stadt, Athens. 3, entlegner, far distant. 4, Schaugerüste, elevated seats. 5, grauser, awful. 6, Umwandelnd......Rund, pacing around the stage. 7, Es steigt......Leiber, their gigantic forms exceed. 8, schlägt die Lenden, around their loins. 9, entfleischten, fleshless. 10, düsterrothe, dark red.

In ihren Wangen fließt kein Blut;
Und wo die Haare lieblich flattern,
Um Menschenstirnen freundlich wehn,
Da sieht man Schlangen hier und Nattern
Die giftgeschwollnen Bäuche blähn. [1]

Und schauerlich, gedreht im Kreise,
Beginnen sie des Hymnus Weise, [2]
Der durch das Herz zerreißend dringt,
Die Bande um den Frevler schlingt. [3]
Besinnungraubend, herzbethörend [4]
Schallt der Erinnyen [5] Gesang,
Er schallt, des Hörers Mark verzehrend,
Und duldet nicht der Leier Klang:

„Wohl dem, der frei von Schuld und Fehle
Bewahrt die kindlich reine Seele!
Ihm dürfen wir nicht rächend nahn,
Er wandelt frei des Lebens Bahn.
Doch wehe, wehe, wer verstohlen
Des Mordes schwere That vollbracht!
Wir heften [6] uns an seine Sohlen,
Das furchtbare Geschlecht der Nacht.“

1, giftgeschwollene Bäuche blähn, inflate their bellies swelled with poison. 2, Hymnus Weise, melody of the hymn. 3, schlingt, knitting. 4, besinnungraubend, herzbethörend, chilling the senses, heart-breaking. 5, Erinnyen, furies. 6, heften, cleave.

„Und glaubt er fliehend zu entspringen,
Geflügelt sind wir da, die Schlingen
Ihm werfend um den flücht'gen Fuß,
Daß er zu Boden fallen muß.
So jagen wir ihn ohn' Ermatten,
Versöhnen kann uns keine Reu',
Ihn fort und fort bis zu den Schatten,
Und geben ihn auch dort nicht frei."

So singend, tanzen sie den Reigen,[1]
Und Stille, wie des Todes Schweigen,
Liegt überm ganzen Hause schwer,
Als ob die Gottheit nahe wär'.
Und feierlich, nach alter Sitte,
Umwandelnd des Theaters Rund,
Mit langsam abgemessnem Schritte,
Verschwinden sie im Hintergrund.

Und zwischen Trug und Wahrheit schwebet
Noch zweifelnd[2] jede Brust und bebet,
Und huldiget der furchtbarn Macht,
Die richtend im Verborgnen wacht,
Die unerforschlich, unergründet
Des Schicksals dunkeln Knäuel flicht,[3]
Dem tiefen Herzen sich verkündet,
Doch fliehet vor dem Sonnenlicht.

---

1, Reigen tanzen, to perform the dance. 2, schwebet noch zweifelnd, is still uncertain. 3, Des......flicht, spins the thread of doom.

Da hört man auf den höchsten Stufen [1]
Auf einmal [2] eine Stimme rufen:
„Sieh da, sieh da, Timotheus,
Die Kraniche des Ibykus!“ —
Und finster plötzlich wird der Himmel,
Und über dem Theater hin
Sieht man in schwärzlichtem [3] Gewimmel
Ein Kranichheer vorüberziehn.

„Des Ibykus!“ — Der theure Name
Rührt jede Brust mit neuem Grame,
Und wie im Meere Well' auf Well',
So läuft's von Mund zu Munde schnell:
„Des Ibykus? den wir beweinen,
Den eine Mörderhand erschlug!
Was ist's mit dem? was kann er meinen?
Was ist's mit diesem Kranichzug?“ —

Und immer lauter wird die Frage,
Und ahnend fliegt's mit Blitzesschlage [4]
Durch alle Herzen: „Gebet Acht,
Das ist der Eumeniden [5] Macht!
Der fromme Dichter wird gerochen,
Der Mörder bietet selbst sich dar —
Ergreift ihn, der das Wort gesprochen,
Und ihn, an den's gerichtet [6] war!“

---

1, Stufen, tier. 2, auf einmal, suddenly. 3, schwärzlichtem, dark feathered, see Page 63, note 4. 4, Blitzesschlage, flash of lightning. 5, Eumeniden, furies. 6, gerichtet, spoken.

Doch dem war kaum das Wort entfahren,
Möcht' er's im Busen gern bewahren; [1]
Umsonst! Der schreckenbleiche Mund
Macht schnell die Schuldbewußten [2] kund.
Man reißt und schleppt sie vor den Richter,
Die Scene wird [3] zum Tribunal,
Und es gestehn die Bösewichter,
Getroffen von der Rache Strahl.

---

## CASSANDRA.

### An Ode.

There is a truce during the Trojan War between the Greeks and Trojans. Achilles has gone to Troy to wed Polyxena, Priam's daughter and elder sister of Cassandra. On entering the Temple of the Thymbrian Apollo, he is insidiously shot by Paris through his heel, his only vulnerable part. After the taking of Troy by the Greeks, Cassandra is ill-used by Ajax at the foot of the altar, becomes the slave of Agamemnon and is killed by Clytemnestra, Agamemnon's wife.

### Kassandra.

Freude war in Trojas Hallen,
Eh die hohe Feste [4] fiel;
Jubelhymnen [5] hört man schallen
In der Saiten goldnes Spiel; [6]

---

1, bewahren, recall. 2, Schuldbewußten, conscience-stricken criminals. 3, wird (verwandelt), is changed. 4, hohe Feste, lofty fortress. 5, Jubelhymnen, hymns of joy. 6, Spiel, lyre.

Alle Hände ruhen müde
Von dem thränenvollen Streit,
Weil der herrliche Pelide [1]
Priams schöne Tochter freit.

Und geschmückt mit Lorbeerreisern
Festlich wallet Schaar auf Schaar
Nach der Götter heil'gen Häusern,
Zu des Thymbriers Altar.
Dumpferbrausend durch die Gassen
Wälzt sich die bachant'sche Lust,
Und in ihrem Schmerz verlassen
War nur e i n e traur'ge Brust.

Freudlos in der Freude Fülle,
Ungesellig und allein,
Wandelte Kassandra stille
In Apollo's Lorbeerhain. [2]
In des Waldes tiefste Gründe [3]
Flüchtete die Seherin,
Und sie warf die Priesterbinde [4]
Zu der Erde zürnend hin:

„Alles ist der Freude offen,
Alle Herzen sind beglückt,
Und die alten Eltern hoffen,
Und die Schwester steht geschmückt.

---

1, Pelide, Achilles. 2, Lorbeerhain, laurel grove. 3, Gründe, recesses. 4, Priesterbinde, sacred fillet.

Ich allein muß einsam trauern,
Denn mich flieht der süße Wahn,[1]
Und geflügelt[2] diesen Mauern
Seh' ich das Verderben[2] nahn."

„Eine Fackel seh' ich glühen,
Aber nicht in Hymens Hand;
Nach den Wolken seh ich's ziehen,
Aber nicht wie Opferbrand.[3]
Feste seh' ich froh bereiten,
Doch im ahnungsvollen Geist
Hör' ich schon des Gottes Schreiten,[4]
Der sie jammervoll[5] zerreißt."

„Und sie schelten meine Klagen,
Und sie höhnen meinen Schmerz,
Einsam in die Wüste tragen
Muß ich mein gequältes Herz,
Von den Glücklichen gemieden
Und den Fröhlichen ein Spott!
Schweres hast du mir beschieden,
Pythischer,[6] du arger Gott!"

„Dein Orakel zu verkünden,
Warum warfest du mich hin
In die Stadt der ewig Blinden

1, Wahn, delusion. 2, geflügelt — Verderben, winged destruction. 3, Opferbrand, the smoke of the sacrifice. 4, Schreiten, approach. 5, jammervoll, unsparingly. 6, Pythischer (Gott), Pythian God, Apollo.

Mit dem aufgeschlossnen Sinn? [1]
Warum gabst du mir zu sehen,
Was ich doch nicht wenden kann?
Das Verhängte [2] muß geschehen,
Das Gefürchtete muß nahn."

„Frommt's, [3] den Schleier aufzuheben,
Wo das nahe Schreckniß droht?
Nur der Irrthum [4] ist das Leben,
Und das Wissen ist der Tod.
Nimm, o nimm die traur'ge Klarheit, [5]
Mir vom Aug' den blut'gen Schein!
Schrecklich ist es, deiner Wahrheit
Sterbliches Gefäß zu sein."

„Meine Blindheit gieb mir wieder
Und den fröhlich dunkeln Sinn! [6]
Nimmer sang ich freud'ge Lieder,
Seit ich d e i n e Stimme bin.
Zukunft hast du mir gegeben,
Doch du nahmst den Augenblick,
Nahmst der Stunde fröhlich Leben —
Nimm dein falsch Geschenk zurück!"

„Nimmer mit dem Schmuck der Bräute
Kränzt' ich mir das duft'ge Haar,
Seit ich deinem Dienst mich weihte
An dem traurigen Altar.

---

1, aufgeschlossenen Sinn, open mind. 2, Verhängte, doom. 3, frommt's, what avails. 4, Irrthum, ignorance. 5, Klarheit, knowledge. 6, dunkeln Sinn, dark mind, i. e. ignorance.

Meine Jugend war nur Weinen,
Und ich kannte nur den Schmerz,
Jede herbe Noth der Meinen
Schlug an mein empfindend Herz."

„Fröhlich seh' ich die Gespielen,
Alles um mich lebt und liebt
In der Jugend Lustgefühlen,[1]
Mir nur ist das Herz getrübt.
Mir erscheint der Lenz vergebens,
Der die Erde festlich schmückt;
Wer erfreute sich des Lebens,
Der in seine Tiefen blickt!"

„Selig preis' ich Polyxenen
In des Herzens trunknem Wahn,
Denn den Besten der Hellenen[2]
Hofft sie bräutlich zu umfahn.[3]
Stolz ist ihre Brust gehoben,
Ihre Wonne faßt sie kaum,[4]
Nicht euch, Himmlische dort oben,
Neidet sie in ihrem Traum."

„Und auch ich hab' ihn gesehen,
Den das Herz verlangend wählt!
Seine schönen Blicke flehen,
Von der Liebe Gluth beseelt.

1, Lustgefühlen, blissfulness. 2, Hellenen, Greeks. 3, umfahn, poet. for umfangen, to embrace. 4, faßt sie (the bosom) kaum, it can hardly contain.

Gerne möcht' ich mit dem Gatten
In die heim'sche Wohnung ziehn;
Doch es tritt ein styg'scher Schatten
Nächtlich [1] zwischen mich und ihn.

„Ihre bleichen Larven alle
Sendet mir Proserpina; [2]
Wo ich wandre, wo ich walle,
Stehen mir die Geister da.
In der Jugend frohe Spiele
Drängen sie sich grausend [3] ein,
Ein entsetzliches Gewühle!
Nimmer kann ich fröhlich sein."

„Und den Mordstahl seh' ich blinken,
Und das Mörderauge glühn;
Nicht zur Rechten, nicht zur Linken
Kann ich vor dem Schrecknis fliehn;
Nicht die Blicke darf ich wenden,
Wissend, schauend, unverwandt [4]
Muß ich mein Geschick vollenden
Fallend in dem fremden Land."

Und noch hallen ihre Worte —
Horch! da dringt verworrner [5] Ton
Fernher aus des Tempels Pforte:
Todt lag Thetis [6] großer Sohn!

---

1, nächtlich, like night. 2, Proserpina, Pluto's wife, the queen of hell. 3, grausend, in horror clad. 4, unverwandt, with fixed eyes. 5, verworrner, wild. 6, Thetis, Achilles' mother.

Eris[1] schüttelt ihre Schlangen,
Alle Götter fliehn davon,
Und des Donners Wolken hangen
Schwer herab auf Ilion.

---

## THE HOSTAGE.

### A Ballad.

The story of Damon and Phythias (or Phintias) is widely known. Schiller took it from Hyginus, by whom the friends are called Moerus and Selinuntius, and he used these names in the first editions of his works. He also amplified the incidents — the delay of Damon or Moerus is occassioned only by the swollen stream — the other obstacles are of the poets fancy. These additions are not happy, and have called forth a severe criticism, and though the whole is finely described it is not one of Schiller's best ballads. We add it however to our collection on account of its popularity.

### Die Bürgschaft.

Zu Dionys,[2] dem Tyrannen, schlich
Damon, den Dolch im Gewande;[3]
Ihn schlugen die Häscher in Bande.
„Was wolltest[4] du mit dem Dolche, sprich!"
Entgegnet[5] ihm finster der Wütherich. —
„Die Stadt vom Tyrannen befreien!"—
„Das sollst du am Kreuze bereuen."

---

1, Eris, the goddess of Discord, who had not been invited at the marriage feast of Achilles' parents. 2, Dionysius, a very able but tyrannical man of low birth, made himself master of Syracuse in 406, and died in 367 B. C. 3, im Gewande, HIDDEN is understood. 4, wolltest, DO is understood. 5, entgegnet, enquired.

„Ich bin," spricht jener, „zu sterben bereit
Und bitte nicht um mein Leben;
Doch willst du Gnade mir geben,
Ich flehe dich um drei Tage Zeit,
Bis ich die Schwester dem Gatten gefreit;
Ich lasse den Freund dir als Bürgen,
Ihn magst du, entrinn' ich, erwürgen."

Da lächelt der König mit arger List
Und spricht nach kurzem Bedenken:
„Drei Tage will ich dir schenken;
Doch wisse! wenn sie verstrichen, die Frist,
Eh du zurück mir gegeben bist,[1]
So muß er statt deiner erblassen,[2]
Doch dir ist die Strafe erlassen."

Und er kommt zum Freunde: „Der König gebeut,[3]
Daß ich am Kreuz mit dem Leben
Bezahle das frevelnde Streben;[4]
Doch will er mir gönnen drei Tage Zeit,
Bis ich die Schwester dem Gatten gefreit;
So bleib du dem König zum Pfande,
Bis ich komme, zu lösen die Bande."[5]

Und schweigend umarmt ihn der treue Freund
Und liefert sich aus dem Tyrannen;
Der Andere ziehet von dannen.[6]

---

1, Eh'....bist, before thou hast come back. 2, erblassen, die. 3, gebeut, poet. for gebietet, commands. 4, frevelnde Streben, criminal attempt. 5, zu......Bande, to set thee free. 6, von dannen ziehn, to depart.

Und ehe das dritte Morgenroth scheint,
Hat er schnell mit dem Gatten die Schwester vereint,
Eilt heim mit sorgender Seele,
Damit er die Frist nicht verfehle.

Da gießt unendlicher Regen herab,
Von den Bergen stürzen die Quellen,
Und die Bäche, die Ströme schwellen.
Und er kommt ans Ufer mit wanderndem Stab,
Da reißet[1] die Brücke der Strudel hinab,[1]
Und donnernd sprengen die Wogen
Des Gewölbes[2] krachenden Bogen.

Und trostlos tritt er an Ufers Rand;
Wie weit er auch spähet und blicket
Und die Stimme, die rufende, schicket,
Da stößet kein Nachen vom sichern Strand,
Der ihn setze an das gewünschte Land,
Kein Schiffer lenket[3] die Fähre,
Und der wilde Strom wird zum Meere.

Da sinkt er ans Ufer und weint und fleht,
Die Hände zum Zeus erhoben:
„O hemme des Stromes Toben!
Es eilen die Stunden, im Mittag[4] steht
Die Sonne, und wenn sie niedergeht,
Und ich kann die Stadt nicht erreichen,
So muß der Freund mir erbleichen."[5]

---

1, da reißet hinab, **sweeps away**. 2, Gewölbe, **structure**.
3, lenket, **steers**. 4, im Mittag, **midway**. 5 erbleichen, **die**.

Doch wachsend erneut sich des Stromes Wuth,
Und Welle auf Welle zerrinnet,[1]
Und Stunde an Stunde entrinnet.
Da treibt ihn die Angst, da faßt er sich Muth
Und wirft sich hinein in die brausende Fluth
Und theilt mit gewaltigen Armen
Den Strom, und ein Gott hat Erbarmen.

Und gewinnt das Ufer und eilet fort
Und danket dem rettendem Gotte;
Da stürzet die raubende Rotte[2]
Hervor aus des Waldes nächtlichem Ort,
Den Pfad ihm sperrend, und schnaubet Mord
Und hemmet des Wanderers Eile
Mit drohend geschwungener[3] Keule.

„Was wollt ihr?" ruft er, vor Schrecken bleich,
„Ich habe nichts, als mein Leben,
Das muß ich dem Könige geben!"
Und entreißet die Keule dem Nächsten gleich:
„Um des Freundes willen erbarmet euch!"
Und drei mit gewaltigen Streichen
Erlegt er,[4] die andern entweichen.

Und die Sonne versendet glühenden Brand,[5]
Und von der unendlichen Mühe
Ermattet sinken die Kniee.

---

1, zerrinnet, dies away. 2, raubende Rotte, a band of robbers. 3, geschwungener, uplifted. 4, erlegt er, he fells. 5, versendet glühenden Brand, darts down glowing fire.

„O,[1] hast du mich gnädig aus Räubershand,
Aus dem Strom mich gerettet ans heilige Land,
Und soll hier verschmachtend verderben,
Und der Freund mir, der liebende, sterben!"

Und horch! da sprudelt es silberhell,[2]
Ganz nahe, wie rieselndes Rauschen,[3]
Und stille hält er, zu lauschen,
Und sieh, aus dem Felsen, geschwätzig,[4] schnell,
Springt murmelnd hervor ein lebendiger Quell,
Und freudig bückt er sich nieder
Und erfrischet die brennenden Glieder.

Und die Sonne blickt durch der Zweige Grün
Und malt auf den glänzenden Matten[5]
Der Bäume gigantische Schatten;
Und zwei Wanderer sieht er die Straße ziehn,[6]
Will eilenden Laufes vorüber fliehn,
Da hört er die Worte sie sagen:
„Jetzt wird er ans Kreuz geschlagen."[7]

Und die Angst beflügelt[8] den eilenden Fuß,
Ihn jagen der Sorge Qualen;
Da schimmern in Abendroths Strahlen
Von ferne die Zinnen[9] von Syrakus,

1, O! etc. is directed to Zeus. 2, sprudelt es silberhell, it bubbles silver-clear. 3, rieselndes Rauschen, murmuring sounds. 4, geschwätzig, babbling. 5, Matten, meadows. 6, Die Straße ziehen, pursue their way. 7, geschlagen, nailed. 8, beflügelt, lend wings. 9, Zinnen, towers.

Und entgegen kommt ihm Philostratus,
Des Hauses redlicher Hüter,
Der erkennet entsetzt[1] den Gebieter:

„Zurück! du rettest den Freund nicht mehr,
So rette das eigne Leben!
Den Tod erleidet[2] er eben.
Von Stunde zu Stunde gewartet' er[3]
Mit hoffender Seele der[3] Wiederkehr,
Ihm konnte den muthigen[4] Glauben
Der Hohn des Tyrannen nicht rauben.“ —

„Und ist es zu spät, und kann ich ihm nicht
Ein Retter willkommen erscheinen,
So soll mich der Tod ihm vereinen.
Deß[5] rühme der blut'ge Tyrann sich nicht,
Daß der Freund dem Freunde gebrochen die Pflicht,[6]
Er schlachte[7] der Opfer zweie
Und glaube an Liebe und Treue!“

Und die Sonne geht unter, da steht er am Thor
Und sieht das Kreuz schon erhöhet,[8]
Das die Menge gaffend[9] umstehet;
An dem Seile schon zieht man den Freund empor,
Da zertrennt er gewaltig den dichten Chor:[10]
„Mich, Henker!“ ruft er, „erwürget![11]
Da bin ich, für den er gebürget!“[12]

1, entsetzt, shocked. 2, erleidet, suffers. 3, gewartet er — der, he trusted to your. 4, muthigen, confiding. 5, Deß, of that. 6, Pflicht, pledge. 7, er schlachte, imper. 8, erhöhet, raised up. 9, die gaffende Menge, the gazing crowd. 10, dichten Chor, great crowd. 11, erwürget, kill. 12, gebürget, is a hostage.

Und Erstaunen ergreifet das Volk umher,
In den Armen liegen sich Beide
Und weinen vor Schmerzen und Freude.
Da sieht man kein Auge thränenleer,
Und zum Könige bringt man die Wundermähr';[1]
Der fühlt ein menschliches Rühren,[2]
Läßt schnell vor den Thron sie führen.

Und blicket sie lange verwundert an;
Drauf spricht er: „Es ist euch gelungen,
Ihr habt das Herz mir bezwungen;
Und die Treue, sie ist doch kein leerer Wahn;[3]
So nehmet auch mich zum Genossen[4] an!
Ich sei, gewährt mir die Bitte,
In eurem Bunde der Dritte."

---

# FRIDOLIN,

or:

## THE MESSAGE TO THE FORGE.

A Ballad.

**The subject to this ballad is found in several German and French Legends. Schiller took it from a French source. Savern or Zabern as it was formerly called, is a town in Alsatia. The style is very simple, but the force and truthfulness with which the Forge and the Romish Ritual are depicted, are striking and have been generally admired.**

---

1, Wundermähr, the wondrous tale. 2, Rühren, emotion. 3, leerer Wahn, idle dream. 4, zum Genossen, into your fellowship.

## Fridolin,
oder:
## Der Gang nach dem Eisenhammer.

Ein frommer Knecht [1] war Fridolin,
Und in der Furcht des Herrn
Ergeben der Gebieterin,
Der Gräfin von Savern.
Sie war so sanft, sie war so gut;
Doch auch der Launen Uebermuth [2]
Hätt' er geeifert zu erfüllen
Mit Freudigkeit, um Gottes willen.

Früh von des Tages erstem Schein,
Bis spät die Vesper schlug,
Lebt' er nur ihrem Dienst allein,
That nimmer sich genug.
Und sprach die Dame: „Mach dir's leicht!" [3]
Da wurd' ihm gleich das Auge feucht,
Und meinte, seiner Pflicht zu fehlen,
Durft' er sich nicht im Dienste quälen. [4]

Drum vor dem ganzen Dienertroß [5]
Die Gräfin ihn erhob;
Aus ihrem schönen Munde floß
Sein unerschöpftes Lob.

---

1, Knecht, page. 2, Launen Uebermuth, extravagant whims. 3, Mach dir's leicht, take some rest. 4, Durft er sich nicht quälen, if he should not toil. 5, Dienertroß, household.

Sie hielt ihn nicht als ihren Knecht,
Es gab sein Herz ihm Kindesrecht;
Ihr klares Auge mit Vergnügen
Hing an den wohlgestalten Zügen.[1]

Darob entbrennt[2] in Roberts Brust,
Des Jägers, gift'ger Groll,
Dem längst von böser Schadenlust[3]
Die schwarze Seele schwoll;
Und trat zum Grafen, rasch zur That
Und offen des Verführers Rath,
Als einst vom Jagen heim sie kamen,
Streut' ihm ins Herz des Argwohns Samen:

„Wie seid ihr glücklich, edler Graf,"
Hub[4] er voll Arglist an,[4]
„Euch raubet nicht den goldnen Schlaf
Des Zweifels gift'ger Zahn;
Denn ihr besitzt ein edles Weib,
Es gürtet Scham den keuschen Leib,
Die fromme Treue zu berücken[5]
Wird nimmer dem Versucher glücken."

Da rollt der Graf die finstern Brau'n:[6]
„Was red'st du mir, Gesell?
Werd' ich auf Weibestugend bau'n,
Beweglich wie die Well'?

---

1, wohlgestalten Zügen, comely looks. 2, darob entbrennt, for this is kindled. 3, böser Schadenlust, evil desire. 4, hub an, began. 5, berücken, to corrupt, ensnare. 6, rollt die Brau'n, knits his brows.

Leicht locket sie des Schmeichlers Mund;
Mein Glaube steht auf festerm Grund.
Vom Weib des Grafen von Saverne
Bleibt, hoffe ich, der Versucher ferne."

Der Andre spricht: „So denkt ihr recht,
Nur euren Spott verdient
Der Thor, der, ein geborner Knecht,
Ein solches sich erkühnt,
Und zu der Frau, die ihm gebeut,[1]
Erhebt der Wünsche Lüsternheit" — [2]
„Was?" fällt ihm jener ein und bebet,
„Red'st du von einem, der da [3] lebet?" —

„Ja doch, was Aller Mund erfüllt,
Das bärg' sich [4] meinem Herrn!
Doch, weil ihr's denn mit Fleiß [5] verhüllt,
So unterdrück' ich's gern" —
"Du bist des Todes,[6] Bube, sprich!"
Ruft jener streng und fürchterlich.
„Wer hebt das Aug' zu Kunigonden?" —
„Nun ja, ich spreche von dem Blonden." [7]

„Er ist nicht häßlich von Gestalt,"
Fährt er mit Arglist fort,
Indem's den Grafen heiß und kalt

1, gebeut, poet. for gebietet. 2, der Wünsche Lüsternheit, his longing wishes. 3, da, omit (euphon.). 4, das bärg' sich, should be unknown. 5, mit Fleiß, intentionally. 6, Du bist des Todes, thou art a dead man. 7, Blonden, the fair haired (Fridolin).

Durchrieselt [1] bei dem Wort.
„Ist's möglich, Herr? Ihr saht es nie,
Wie er nur Augen hat für sie?
Bei Tafel eurer selbst nicht achtet,
An ihrem Stuhl gefesselt schmachtet?"

„Seht da die Verse, die er schrieb
Und seine Gluth gesteht" —
„Gesteht!" — „Und sie um Gegenlieb, [2]
Der freche Bube! fleht.
Die gnäd'ge Gräfin, sanft und weich,
Aus Mitleid wohl verbarg sie's euch;
Mich reuet jetzt, daß mir's entfahren,
Denn, Herr, was habt ihr zu befahren?" [3]

Da ritt in seines Zornes Wuth
Der Graf ins nahe Holz,
Wo ihm in hoher Oefen Gluth [4]
Die Eisenstufe schmolz.
Hier nährten früh und spat den Brand
Die Knechte mit geschäft'ger Hand;
Der Funke sprüht, die Bälge [5] blasen,
Als gält' es, Felsen zu verglasen. [6]

Des Wassers und des Feuers Kraft
Verbündet sieht man hier;
Das Mühlrad, von der Fluth gerafft,

1, durchrieselt, thrilled with. 2, Gegenliebe, love in return. 3, befahren, to fear. 4, in hoher Oefen Gluth, in the high heat of the furnaces. 5, Bälge, bellows. 6, als gält es zu verglasen, as if it were to melt down.

Umwälzt sich für und für; [1]
Die Werke klappern Nacht und Tag,
Im Takte pocht der Hämmer Schlag,
Und bildsam [2] von den mächt'gen Streichen
Muß selbst das Eisen sich erweichen.

Und zweien Knechten winket er,
Bedeutet sie und sagt:
„Den Ersten, den ich sende her,
Und der euch also fragt:
„„Habt ihr befolgt des Herren Wort?""
Den werft mir in die Hölle dort,
Daß er zu Asche gleich vergehe, [3]
Und ihn mein Aug nicht weiter sehe!"

Deß freut sich das entmenschte Paar
Mit roher Henkerlust, [4]
Denn fühllos, wie das Eisen, war
Das Herz in ihrer Brust.
Und frischer mit der Bälge Hauch
Erhitzen sie des Ofens Bauch,
Und schicken sich mit Mordverlangen [5]
Das Todesopfer [6] zu empfangen.

Drauf Robert zum Gesellen spricht
Mit falschem Heuchelschein; [7]
„Frisch auf, Gesell, und säume nicht,

---

1, umwälzt sich für und für, whirls round for ever and ever 2, bildsam, supple. 3, vergehe, dissolve. 4, Henkerslust, hangman's zest. 5, Mordverlangen, murderous desire. 6, Todesopfer, victim. 7, falschem Heuchelschein, studied hypocrisy.

Der Herr begehret[1] dein."
Der Herr, der spricht zu Fridolin:
„Mußt gleich zum Eisenhammer hin,
Und frage mir die Knechte dorten,
Ob sie gethan nach meinen Worten?"

Und jener spricht: „Es soll geschehen!"
Und macht sich flugs[2] bereit.
Doch sinnend bleibt er plötzlich stehen:
„Ob sie mir nichts gebeut?"
Und vor die Gräfin stellt er sich:
„Hinaus zum Hammer schickt man mich;
So sag, was kann ich dir verrichten?
Denn dir gehören meine Pflichten."

Darauf die Dame von Savern
Versetzt[3] mit sanftem Ton:
„Die heil'ge Messe hört' ich gern,
Doch liegt mir krank der Sohn;
So gehe denn, mein Kind, und sprich
In Andacht ein Gebet für mich,
Und denkst du reuig deiner Sünden,
So laß auch mich die Gnade finden."

Und froh der vielwillkommnen[4] Pflicht,
Macht er im Flug sich auf,
Hat noch des Dorfes Ende nicht
Erreicht im schnellen Lauf,

1, begehret, needs. 2, flugs, without delay. 3, versetzt, replies. 4, vielwillkommnen, most welcome.

Da tönt ihm von dem Glockenstrang [1]
Hellschlagend des Geläutes Klang, [2]
Das alle Sünder, hochbegnadet [3]
Zum Sacramente festlich ladet. [4]

„Dem lieben Gotte weich nicht aus, [5]
Find'st du ihn auf dem Weg!" —
Er spricht's und tritt ins Gotteshaus;
Kein Laut ist hier noch reg'; [6]
Denn um die Ernte war's, und heiß
Im Felde glüht' der Schnitter Fleiß;
Kein Chorgehilfe [7] war erschienen,
Die Messe kundig [8] zu bedienen.

Entschlossen ist er allsobald
Und macht den Sacristan;
„Das," spricht er, „ist kein Aufenthalt, [9]
Was fördert himmelan."
Die Stola und das Cingulum
Hängt er dem Priester dienend um;
Bereitet hurtig die Gefäße,
Geheiliget zum Dienst der Messe.

Und als er dies mit Fleiß gethan,
Tritt er als Ministrant
Dem Priester zum Altar voran,

1, Glockenstrang, bell-rope. 2, hellschlagend des Geläutes Klang, the clear tolls of the bells. 3, hochbegnadet, most Holy. 4, ladet, bids. 5, weich nicht aus, slip not away. 6, reg, stirring. 7, Chorgehülfe, ministrant. 8, kundig, skillfully. 9, Aufenthalt, delay.

Das Meßbuch in der Hand,
Und knieet rechts und knieet links
Und ist gewärtig jedes Winks, [1]
Und als des Sanctus Worte kamen,
Da schellt er dreimal bei dem Namen.

Drauf als der Priester fromm sich neigt
Und, zum Altar gewandt,
Den Gott, den gegenwärt'gen,[2] zeigt
In hocherhabner [3] Hand,
Da kündet [4] es der Sacristan
Mit hellem Glöcklein klingend an, [4]
Und alles kniet und schlägt die Brüste,
Sich fromm bekreuzend vor dem Christe.

So übt er Jedes pünktlich aus
Mit schnell gewandtem Sinn; [5]
Was Brauch ist in dem Gotteshaus,
Er hat es Alles inn [6]
Und wird nicht müde bis zum Schluß,
Bis beim Vobiscum Dominus
Der Priester zur Gemein' sich wendet,
Die heil'ge Handlung segnend endet.

Da stellt er Jedes wiederum
In Ordnung säuberlich; [7]

---

1, gewärtig jeden Winks, **watchful of every sign.** 2, den gegenwärtigen Gott, **the consecrated Host.** 3, hocherhabener, **high uplifted.** 4, kündet an, **announces.** 5, schnell gewandten Sinn, **quick and skillful mind.** 6, er hat es Alles inn, **he knows it all by heart.** 7, säuberlich, **neatly.**

Erst reinigt er das Heiligthum
Und dann entfernt er sich
Und eilt, in des Gewissens Ruh,
Den Eisenhütten heiter zu,
Spricht unterwegs, die Zahl zu füllen,
Zwölf Paternoster noch im Stillen.

Und als er rauchen sieht den Schlot,
Und sieht die Knechte stehn,
Da ruft er: „Was der Graf gebot,
Ihr Knechte, ist's geschehn?
Und grinsend zerren[1] sie den Mund
Und deuten in des Ofens Schlund:
„Der ist besorgt und aufgehoben,[2]
Der Graf wird seine Diener loben."

Die Antwort bringt er seinem Herrn
In schnellem Lauf zurück.
Als der ihn kommen sieht von fern,
Kaum traut er seinem Blick:
„Unglücklicher! wo kommst du her?" —
„Vom Eisenhammer." — „Nimmermehr![3]
So hast du dich im Lauf verspätet?" —
„Herr, nur so lang, bis ich gebetet."

„Denn als von eurem Angesicht
Ich heute ging, verzeiht!
Da fragt' ich erst, nach meiner Pflicht,

1, zerren, distort. 2, besorgt und aufgehoben, well cared for. 3, nimmermehr, no! never!

Bei der, die mir gebeut.
Die Messe, Herr, befahl sie mir
Zu hören; gern gehorcht ich ihr,
Und sprach der Rosenkränze viere
Für euer Heil[1] und für das ihre."

In tiefes Staunen sinket hier
Der Graf, entsetzet sich:[2]
„Und welche Antwort wurde dir
Am Eisenhammer? sprich!" —
„Herr, dunkel war der Rede Sinn,
Zum Ofen wies man lachend hin:
Der ist besorgt und aufgehoben,
Der Graf wird seine Diener loben." —

„Und Robert?" fällt der Graf ihm ein,
Es überläuft ihn[3] kalt,
„Sollt' er dir nicht begegnet sein?
Ich sandt' ihn doch zum Wald." —
„Herr, nicht im Wald, nicht in der Flur
Fand ich von Robert eine Spur" —
„Nun," ruft der Graf und steht vernichtet,
Gott selbst im Himmel hat gerichtet!"

Und gütig, wie er nie gepflegt[4]
Nimmt er des Dieners Hand,
Bringt ihn der Gattin, tiefbewegt,

---

1, Heil, **grace.** 2, [und] entsetzet sich, **and shudders.** 3, es überläuft ihn, **he is thrilled with.** 4, gepflegt, **used.**

Die nichts davon verstand:
„Dies Kind, kein Engel ist so rein,
Laßt's eurer Huld empfohlen sein!
Wie schlimm wir auch berathen waren,
Mit dem ist Gott und seine Schaaren."

---

## THE FIGHT WITH THE DRAGON

is one of Schiller's most spirited narrative poems. Its great moral worth consists in humility victorious over the natural pride of the hero. The Knights of St. John took possession of the Island of Rhode in 1309, and exchanged it for Malta in 1522. The name of the Grand-Master is said to have been Helion de Villeneuve, and that of the Knight, Dieu-Donné de Gozon. The date assigned to the incident is 1342.

### Der Kampf mit dem Drachen.

Was rennt das Volk, was wälzt sich dort
Die langen Gassen brausend fort?
Stürzt Rhodus unter Feuers Flammen?
Es rottet sich im Sturm zusammen,[1]
Und einen Ritter, hoch zu Roß,
Gewahr' ich aus dem Menschentroß;[2]
Und hinter ihm, welch Abenteuer![3]
Bringt man geschleppt ein Ungeheuer;
Ein Drache scheint es von Gestalt
Mit weitem Krokodilesrachen,[4]
Und Alles blickt verwundert bald
Den Ritter an und bald den Drachen.

---

1, rottet sich zusammen, throng together. 2, Menschentroß, crowd. 3, Abenteuer, wonder! 4, Krocodilesrachen, jaws of a crocodile.

Und tausend Stimmen werden laut:
„Das ist der Lindwurm,[1] kommt und schaut,
Der Hirt und Heerden uns verschlungen!
Das ist der Held, der ihn bezwungen!
Viel' andre zogen vor ihm aus,[2]
Zu wagen den gewalt'gen Strauß,[3]
Doch Keinen sah man wiederkehren;
Den kühnen Ritter soll man ehren!"
Und nach dem Kloster geht der Zug,[4]
Wo Sanct Johanns, des Täufers, Orden,
Die Ritter des Spitals, im Flug[5]
Zu Rathe sind versammelt worden.

Und vor den edlen Meister tritt
Der Jüngling mit bescheidnem Schritt;
Nachdrängt[6] das Volk, mit wildem Rufen,
Erfüllend des Geländers[7] Stufen.
Und jener nimmt das Wort und spricht:
„Ich hab' erfüllt die Ritterpflicht.
Der Drache, der das Land verödet,
Er liegt von meiner Hand getödtet;
Frei ist dem Wanderer der Weg,
Der Hirte treibe ins Gefilde,[8]
Froh walle[9] auf dem Felsensteg
Der Pilger zu dem Gnadenbilde."[10]

---

1, Lindwurm, dragon. 2, zogen aus, went forth. 3, Strauß, strife. 4, Zug, procession. 5, im Flug, in haste. 6, nachdrängt, press in. 7, Geländers, platform. 8, treibe in's Gefilde, may drive (his flocks) to pasture. 9, walle, travel. 10, Gnadenbilde, wonder-working image.

Doch strenge blickt der Fürst ihn an
Und spricht: „Du hast als Held gethan;
Der Muth ist's, der den Ritter ehret,
Du hast den kühnen Geist bewähret.
Doch sprich! was ist die erste Pflicht
Des Ritters, der für Christum ficht,
Sich schmücket mit des Kreuzes Zeichen?"
Und alle rings herum erbleichen.
Doch er, mit edlem Anstand,[1] spricht,
Indem er sich erröthend neiget:
„Gehorsam ist die erste Pflicht,
Die ihn des Schmuckes würdig zeiget."

„Und diese Pflicht, mein Sohn," versetzt
Der Meister, „hast du frech verletzt.
Den Kampf, den das Gesetz versaget,[2]
Hast du mit frevlem Muth gewaget!" —
„Herr, richte, wenn du Alles weißt,"
Spricht jener mit gesetztem Geist,[3]
„Denn des Gesetzes Sinn und Willen
Vermeint' ich[4] treulich zu erfüllen.
Nicht unbedachtsam[5] zog ich hin,
Das Ungeheuer zu bekriegen;
Durch List und kluggewandten Sinn[6]
Versucht' ich's, in dem Kampf zu siegen."

---

1, edlem Anstand, good grace. 2, versaget, forbids. 3, gesetztem Geist, humble mind. 4, vermeint ich, I meant. 5, unbedachtsam, rashly. 6, kluggewandten Sinn, skill.

„Fünf unsers Ordens waren schon,
Die Zierden der Religion,
Des kühnen Muthes Opfer worden;
Da wehrtest[1] du den Kampf dem Orden.
Doch an dem Herzen nagten mir
Der Unmuth und die Streitbegier,[2]
Ja, selbst im Traum der stillen Nächte
Fand ich[3] mich keuchend im Gefechte;
Und wenn der Morgen dämmernd kam
Und Kunde gab von neuen Plagen,
Da faßte mich ein wilder Gram,
Und ich beschloß es frisch[4] zu wagen."

„Und zu mir selber sprach ich dann:
Was schmückt den Jüngling, ehrt den Mann?
Was leisteten die tapfern Helden,
Von denen uns die Lieder melden,
Die zu der Götter Glanz und Ruhm
Erhub das blinde Heidenthum?
Sie reinigten von Ungeheuern
Die Welt in kühnen Abenteuern,
Begegneten im Kampf dem Leun[5]
Und rangen mit dem Minotauren
Die armen Opfer zu befrein,
Und ließen sich das Blut nicht dauren."[6]

1, wehrtest, **forbadest.** 2, Streitbegier, **desire for strife.** 3, fand ich, **I fancied.** 4, frisch, **boldly.** 5, Leu, **poet. for** Löwe. 6, ließen sich dauren, **spared.**

„Ist nur der Saracen es werth,
Daß ihn bekämpft des Christen Schwert?
Bekriegt er nur die falschen Götter?
Gesandt ist er der Welt zum Retter,
Von jeder Noth und jedem Harm
Befreien muß sein starker Arm;
Doch seinen Muth muß Weisheit leiten,
Und List muß mit der Stärke streiten.
So sprach ich oft und zog allein,
Des Raubthiers Fährte zu erkunden;
Da flößte mir der Geist es ein,[1]
Froh rief ich aus: Ich hab's gefunden!"

„Und trat zu dir und sprach dies Wort:
„„Mich zieht es nach der Heimath fort.""
Du, Herr, willfahrtest meinen Bitten,
Und glücklich war das Meer durchschnitten.[2]
Kaum stieg ich aus am heim'schen Strand,
Gleich ließ ich durch des Künstlers Hand,
Getreu den wohlbemerkten Zügen,[3]
Ein Drachenbild zusammenfügen.[4]
Auf kurzen Füßen wird die Last
Des langen Leibes aufgethürmet;[5]
Ein schuppigt Panzerhemd umfaßt[6]
Den Rücken, den es furchtbar schirmet."

1, Da flößt mir der Geist es ein, (the spirit infused it) a sudden light broke upon me. 2, durchschnitten, crossed. 3, wohlbemerkten Zügen, well marked features. 4, Drachenbild zusammenfügen, to make a model of a dragon. 5, aufgethürmet, towered up. 6, umfaßt, covers.

„Lang strecket sich der Hals hervor,
Und gräßlich, wie ein Höllenthor,[1]
Als schnappt' es gierig nach der Beute,
Eröffnet sich des Rachens Weite,
Und aus dem schwarzen Schlunde dräun[2]
Der Zähne stachelichte[3] Reihn;
Die Zunge gleicht des Schwertes Spitze,
Die kleinen Augen sprühen Blitze;
In einer Schlange endigt sich
Des Rückens ungeheure Länge,
Rollt um sich selber fürchterlich,
Daß es um Mann und Roß sich schlänge."

Und Alles bild' ich nach[4] genau
Und kleid' es in ein scheußlich[5] Grau;
Halb Wurm[6] erschien's, halb Molch und Drache,
Gezeuget in der gift'gen Lache.[7]
Und als das Bild vollendet war,
Erwähl' ich mir ein Doggenpaar,
Gewaltig, schnell, von flinken Läufen,[8]
Gewohnt, den wilden Ur[9] zu greifen.
Die hetz' ich auf den Lindwurm an,
Erhitze sie zu wildem Grimme,
Zu fassen ihn mit scharfem Zahn,
Und lenke sie mit meiner Stimme."

1, Höllenthor, gates of hell. 2, dräun for drohen. 3, stachelichte, sharp. 4, bild ich nach, I imitate. 5, scheußlich, ghastly. 6, Wurm, reptile. 7, Lache, pool. 8, Läufen, feet. 9, Ur, wild bull.

„Und wo des Bauches weiches Vließ,[1]
Den scharfen Bissen Blöße ließ,[2]
Da reiz' ich sie, den Wurm zu packen,
Die spitzen Zähne einzuhacken.[3]
Ich selbst, bewaffnet mit Geschoß,[4]
Besteige mein arabisch Roß,
Von adeliger Zucht entstammet;[5]
Und als ich seinen Zorn entflammet,
Rasch auf den Drachen spreng' ich's los[6]
Und stachl' es mit den scharfen Sporen,
Und werfe zielend mein Geschoß,
Als wollt' ich die Gestalt durchbohren."

„Ob auch das Roß sich grauend bäumt[7]
Und knirscht und in den Zügel schäumt,
Und meine Doggen ängstlich stöhnen,
Nicht rast' ich, bis sie sich gewöhnen.
So üb' ich's aus mit Emsigkeit,[8]
Bis dreimal sich der Mond erneut,
Und als sie Jedes recht begriffen,
Führ' ich sie her auf schnellen Schiffen.
Der dritte Morgen ist es nun,
Daß mir's gelungen,[9] hier zu landen;
Den Gliedern gönnt' ich kaum zu ruhn,
Bis ich das große Werk bestanden."[10]

1, weiches Vließ, soft part. 2, Blöße ließ, laid bare. 3, einzuhacken, to fix. 4, Geschoß, spear. 5, von adeliger Zucht entstammet, come from pure race. 6, spreng' ich's los, I ride in full career. 7, sich grauend bäumt, rears in terror. 8, üb' ich's aus mit Emsigkeit, I work with perseverance. 9, daß mir's gelungen, that I succeeded. 10, bestanden, accomplished.

„Denn heiß erregte mir das Herz
Des Landes frisch erneuter Schmerz,
Zerrissen fand man jüngst die Hirten,
Die nach dem Sumpfe sich verirrten.
Und ich beschließe rasch die That,
Nur von dem Herzen nehm' ich Rath.
Flugs unterricht' ich meine Knappen,
Besteige den versuchten Rappen,[1]
Und von dem edeln Doggenpaar
Begleitet, auf geheimen Wegen,
Wo meiner That kein Zeuge war,
Reit ich dem Feinde frisch entgegen."

„Das Kirchlein[2] kennst du, Herr, das hoch
Auf eines Felsenberges Joch,[3]
Der weit die Insel überschauet,
Des Meisters kühner Geist erbauet.
Verächtlich scheint es, arm und klein,
Doch ein Mirakel schließt es ein,[4]
Die Mutter mit dem Jesusknaben,
Den die drei Könige begaben.[5]
Auf dreimal dreißig Stufen steigt
Der Pilgrim nach der steilen Höhe;
Doch hat er schwindelnd sie erreicht,
Erquickt ihn seines Heilands Nähe."

---

1, Rappen, (black) steed. 2, Kirchlein, chapel. 3, Felsenberges Joch, peak of a rocky hill. 4, schließt es ein, it enshrines 5, begaben, bring gifts.

„Tief in den Fels, auf dem es hängt,
Ist eine Grotte eingesprengt,[1]
Vom Thau des nahen Moors befeuchtet,
Wohin des Himmels Strahl nicht leuchtet.
Hier hausete der Wurm und lag,
Den Raub erspähend, Nacht und Tag.
So hielt er, wie der Höllendrache,
Am Fuß des Gotteshauses Wache;
Und kam der Pilgrim hergewallt[2]
Und lenkte in die Unglücksstraße,[3]
Hervorbrach aus dem Hinterhalt
Der Feind und trug ihn fort zum Fraße.[4]

„Den Felsen stieg ich jetzt hinan,
Eh' ich den schweren Strauß[4] begann;
Hin kniet' ich vor dem Christuskinde
Und reinigte mein Herz von Sünde.
Drauf gürt' ich mir im Heiligthum
Den blanken Schmuck der Waffen um,
Bewehre mit dem Spieß die Rechte,
Und nieder steig' ich zum Gefechte.
Zurücke bleibt der Knappen Troß;[5]
Ich gebe scheidend die Befehle,
Und schwinge mich behend aufs Roß,
Und Gott empfehl' ich meine Seele."

---

1, eingesprengt, **broken out.** 2, hergewallt, **wending his way hither.** 3, Unglücksstraße, **path of death.** 4, schweren Strauß, **hard contest.** 5, Troß, **train.**

„Kaum seh' ich mich im ebnen Plan,[1]
Flugs schlagen meine Doggen an,[2]
Und bang beginnt das Roß zu keuchen
Und bäumet sich und will nicht weichen;
Denn nahe liegt, zum Knäul geballt,[3]
Des Feindes scheußliche Gestalt
Und sonnet sich auf warmen Grunde.
Auf jagen ihn die flinken Hunde;
Doch wenden sie sich pfeilgeschwind,[4]
Als es den Rachen gähnend theilet
Und von sich haucht den gift'gen Wind[5]
Und winselnd wie der Schakal heulet."

„Doch schnell erfrisch'[6] ich ihren Muth,
Sie fassen ihren Feind mit Wuth,
Indem ich nach des Thieres Lende
Aus starker Faust den Speer versende;
Doch machtlos, wie ein dünner Stab,
Prallt er vom Schuppenpanzer[7] ab,
Und eh' ich meinen Wurf erneuet,
Da bäumet sich mein Roß und scheuet
An seinem Basiliskenblick[8]
Und seines Athems gift'gem Wehen,[9]
Und mit Entsetzen springt s zurück,
Und jetzo war's um mich geschehen —"[10]

---

1, ebnen Plan, **plain.** 2, flugs schlagen an, **suddenly bayed.** 3, zum Knäul geballt, **coiled in a fold.** 4, pfeilgeschwind, **with arrow-swiftness.** 5, Wind, **breath.** 6, erfrisch, **cheer.** 7, Schuppenpanzer, **scaly mail.** 8, Basiliskenblick, **basilisk look.** 9, gift'gem Wehen, **poisonous blast.** 10, und....geschehen, **and now I was a dead man.**

„Da schwing' ich mich behend vom Roß,
Schnell ist des Schwertes Schneide bloß; [1]
Doch alle Streiche sind verloren,
Den Felsenharnisch [2] zu durchbohren.
Und wüthend mit des Schweifes Kraft
Hat es zur Erde mich gerafft; [3]
Schon seh' ich seinen Rachen gähnen,
Es haut nach mir mit grimmen Zähnen,
Als meine Hunde, wuthentbrannt, [4]
An seinen Bauch mit grimm'gen Bissen
Sich warfen, daß es heulend stand,
Von ungeheurem Schmerz zerrissen."

„Und, eh' es ihren Bissen sich
Entwindet, rasch erheb' ich mich,
Erspähe mir des Feindes Blöße [5]
Und stoße tief ihm ins Gekröse,
Nachbohrend bis ans Heft, den Stahl;
Schwarzquellend [6] springt des Blutes Strahl;
Hin sinkt es und begräbt im Falle
Mich mit des Leibes Riesenballe, [7]
Daß schnell die Sinne mir vergehn; [8]
Und als ich neuerstärkt erwache,
Seh' ich die Knappen um mich stehn,
Und todt im Blute liegt der Drache."

---

1, Schwertes Schneide bloß, the falchion is unsheathed. 2, Felsenharnisch, the mail hard as a rock. 3, gerafft, hurled. 4, wuthentbrannt, burning with rage. 5, Blöße, unprotected part. 6, schwarzquellend, like a dark fountain. 7, Riesenballe, gigantic coil. 8, Sinne mir vergehn, I lost my senses.

Des Beifalls lang gehemmte Lust[1]
Befreit jetzt aller Hörer Brust,
So wie der Ritter dies gesprochen;
Und zehnfach am Gewölb[2] gebrochen,
Wälzt der vermischten Stimmen Schall
Sich brausend fort im Wiederhall.
Laut fordern selbst des Ordens Söhne,
Daß man die Heldenstirne[3] kröne,
Und dankbar im Triumphgepräng[4]
Will ihn das Volk dem Volke zeigen;[5]
Da faltet seine Stirne streng
Der Meister und gebietet Schweigen.

Und spricht: „Den Drachen, der dies Land
Verheert, schlugst du mit tapfrer Hand;
Ein Gott[6] bist du dem Volke worden,[7]
Ein Feind kommst du zurück dem Orden,
Und einen schlimmern Wurm gebar
Dein Herz, als dieser Drache war.
Die Schlange, die das Herz vergiftet,
Die Zwietracht und Verderben stiftet,
Das ist der widerspenst'ge Geist,
Der gegen Zucht[8] sich frech empöret,
Der Ordnung heilig Band zerreißt;
Denn der ist's, der die Welt zerstöret."

---

1, gehemmte Lust, **suppressed burst.** 2, Gewölb, **arches.** 3, Heldenstirne, **hero's brow.** 4, Triumphgepränge, **triumphal procession.** 5, will....zeigen, **the crowd will show him to all people.** 6, ein Gott, **an idol.** 7, worden **for** geworden. 8, Zucht, **discipline.**

„Muth zeiget auch der Mameluck,
Gehorsam ist des Christen Schmuck;
Denn wo der Herr in seiner Größe
Gewandelt hat in Knechtesblöße,[1]
Da stifteten, auf heil'gem Grund,
Die Väter dieses Ordens Bund,
Der Pflichten schwerste zu erfüllen,
Zu bändigen den eignen Willen.
Dich hat der eitle Ruhm bewegt,[2]
Drum wende dich aus meinen Blicken!
Denn wer des Herren Joch nicht trägt,
Darf sich mit seinem Kreuz nicht schmücken."

Da bricht die Menge tobend aus,
Gewalt'ger Sturm bewegt[3] das Haus,
Um Gnade flehen alle Brüder;
Doch schweigend blickt der Jüngling nieder,
Still legt er von sich[4] das Gewand[5]
Und küßt des Meisters strenge Hand
Und geht. Der folgt ihm mit dem Blicke,
Dann ruft er liebend ihn zurücke
Und spricht: „Umarme mich, mein Sohn!
Dir ist der härt're Kampf gelungen.[6]
Nimm dieses Kreuz.[7] Es ist der Lohn
Der Demuth, die sich selbst bezwungen."

---

1, Knechtesblöße, poverty of a slave. 2, bewegt, affected. 3, bewegt, shakes. 4, legt er von sich, he divests himself. 5, Gewand, the cloak with the badge of the Knights of St. John, which is a cross. 6, Dir....gelungen, thou hast gained a greater victory. 7, see note 5.

## THE LAY OF THE BELL.

In this Lay, Schiller depicts the life of Man; it begins with Birth and goes through all phases of human life to Death. So far the single man has been the prominent figure. Then come some illustrations of peaceful social life, which is broken by the terrors of civil war. The poet alludes here to the French Revolution, and ends with a prayer for Peace which all Germany heartily wished for after a war with France that had lasted already more than four years. The idea of this poem had long been revolved by Schiller; he went often to a bell-foundry, to make himself thoroughly master of the me chanical process, which he has applied to purposes so ideal, and even from the time when he began the actual composition of the poem, two years elapsed before it was completed.

### Das Lied von der Glocke.

«Vivos voco. — Mortuos plango. — Fulgura frango.*)

Fest gemauert [1] in der Erden
Steht die Form, aus Lehm gebrannt.
Heute muß die Glocke werden! [2]
Frisch, Gesellen, seid zur Hand!
Von der Stirne heiß
Rinnen muß der Schweiß,
Soll das Werk den Meister loben; [3]
Doch der Segen kommt von oben.

---

*) These words: I call the Living. — I mourn the Dead. — I break the Lightning, are inscribed on the Great Bell of the Minster of Schaffhausen, and also on that of the Church in Art near Lucerne in Switzerland. There was an old belief, that the undulation of air, caused by the tolling of the bells, broke the electric fluid of a thunder-cloud.

1, fest gemauert, firmly built. 2, werden, gemacht, is understood, be made. 3, soll....loben, if....shall praise.

Zum Werke, das wir ernst bereiten,
Geziemt sich [1] wohl ein ernstes Wort;
Wenn gute Reden sie [2] begleiten,
Dann fließt [3] die Arbeit munter fort.[3]
So laßt uns jetzt mit Fleiß betrachten,
Was durch die schwache Kraft entspringt;
Den schlechten Mann [4] muß man verachten,
Der nie bedacht,[5] was er vollbringt.
Das ist's ja, was den Menschen zieret,
Und dazu ward [6] ihm der Verstand
Daß er im innern Herzen spüret, [7]
Was er erschafft mit seiner Hand.

Nehmet Holz vom Fichtenstamme,
Doch recht trocken laßt es sein,
Daß die eingepreßte [8] Flamme
Schlage zu dem Schwalch hinein! [9]
Kocht des Kupfers Brei!
Schnell das Zinn herbei,
Daß die zähe Glockenspeise [10]
Fließe nach der rechten Weise!

Was in des Dammes [11] tiefer Grube
Die Hand mit Feuers Hilfe baut,
Hoch auf des Thurmes Glockenstube,

---

1, geziemt sich, **is beseeming.** 2, sie, **refers to** Arbeit. 3, fliest fort, **is sped.** 4, schlechten Mann, **silly man.** 5, bedacht, **designed.** 6, ward, (gegeben). 7, spüret, **should trace.** 8, eingepreßte, **compressed.** 9, schlage....hinein, **may break over the cauldron.** 10, Glockenspeise, **bell metal.** 11, Dammes, **of earth.**

Da wird es von uns zeugen laut.[1]
Noch dauern wird's in späten Tagen
Und rühren vieler Menschen Ohr,
Und wird mit dem Betrübten klagen
Und stimmen zu der Andacht Chor.[2]
Was unten tief dem Erdensohne
Das wechselnde Verhängniß bringt,
Das schlägt an die metallne Krone,
Die es erbaulich weiter klingt.[3]

Weiße Blasen seh' ich springen;
Wohl! die Massen sind im Fluß.
Laßt's mit Aschensalz durchdringen,[4]
Das befördert[5] schnell den Guß.
Auch vom Schaume rein
Muß die Mischung sein,
Daß vom reinlichen Metalle
Rein und voll die Stimme schalle.

Denn mit der Freude Feierklange[6]
Begrüßt sie das geliebte Kind
Auf seines Lebens erstem Gange,
Den es in Schlafes Arm beginnt;
Ihm ruhen noch im Zeitenschooße[7]
Die schwarzen und die heitern Loose;
Der Mutterliebe zarte Sorgen

---

1, von uns zeugen, **bear testimony of us.** 2, Und . . . . . Chor **and join the devotional choir.** 3, weiter klingt, **rings forth.** 4, durchdringen, **impregnate.** 5, befördert, **speeds.** 6, Feierklange, **festive ringing.** 7, Zeitenschooße, **lap of time.**

Bewachen seinen goldnen Morgen —
Die Jahre fliehen pfeilgeschwind.
Vom Mädchen reißt sich stolz der Knabe,
Er stürmt ins Leben wild hinaus,
Durchmißt die Welt am Wanderstabe, [1]
Fremd kehrt er heim ins Vaterhaus.
Und herrlich, in der Jugend Prangen, [2]
Wie ein Gebild aus Himmelshöhn, [3]
Mit züchtigen, verschämten Wangen
Sieht er die Jungfrau vor sich stehn.
Da faßt ein namenloses Sehnen
Des Jünglings Herz, er irrt allein, [4]
Aus seinen Augen brechen Thränen,
Er flieht der Brüder wilden Reih'n. [5]
Erröthend folgt er ihren Spuren
Und ist von ihrem Gruß beglückt,
Das Schönste sucht er auf den Fluren,
Womit er seine Liebe schmückt.
O zarte Sehnsucht, süßes Hoffen!
Der ersten Liebe goldne Zeit,
Das Auge sieht den Himmel offen,
Es schwelgt das Herz in Seligkeit;
O, daß sie ewig grünen bliebe, [6]
Die schöne Zeit der jungen Liebe!

---

1, durchmißt am Wanderstabe, measures with a wanderer's staff. 2, Prangen, bloom. 3, Himmelshöhn, celestial heights. 4, irrt, wanders. 5, wilden Reih'n, revelries. 6, grünen bliebe, remain fresh.

Wie sich schon die Pfeifen bräunen!
Dieses Stäbchen tauch' ich ein,[1]
Sehn wir's überglast erscheinen,
Wird's zum Gusse zeitig[2] sein.
Jetzt, Gesellen, frisch!
Prüft[3] mir das Gemisch,
Ob das Spröde mit dem Weichen
Sich vereint[4] zum guten Zeichen.

Denn, wo das Strenge mit dem Zarten,
Wo Starkes sich und Mildes paarten,
Da gibt es einen guten Klang.
Drum prüfe, wer sich ewig bindet,
Ob sich das Herz zum Herzen findet![5]
Der Wahn ist kurz, die Reu' ist lang.
Lieblich in der Bräute Locken
Spielt der jungfräuliche Kranz,
Wenn die hellen Kirchenglocken
Laden[6] zu des Festes Glanz.
Ach! des Lebens schönste Feier
Endigt auch den Lebensmai,
Mit dem Gürtel, mit dem Schleier
Reißt der schöne Wahn entzwei.[7]
Die Leidenschaft flieht,
Die Liebe muß bleiben;

1. Stäbchen, a piece of clay with which the metal is test ed, if it appears vitrified the metal is ready. 2, zeitig, ready. 3, prüft, test. 4, sich vereint, combines. 5, ob......findet, whether he has found a congenial heart. 6, laden, bid. 7, Reißt.......entzwei, the sweet deceit is rent.

Die Blume verblüht,
Die Frucht muß treiben.[1]
Der Mann muß hinaus
Ins feindliche Leben,
Muß wirken und streben
Und pflanzen und schaffen,
Erlisten, erraffen,
Muß wetten und wagen,
Das Glück zu erjagen.
Da strömet herbei die unendliche Gabe,
Es füllt sich der Speicher mit köstlicher Habe,[2]
Die Räume wachsen,[3] es dehnt sich das Haus.
Und drinnen waltet
Die züchtige Hausfrau,
Die Mutter der Kinder,
Und herrschet weise
Im häuslichen Kreise,
Und lehret die Mädchen
Und wehret[4] den Knaben,
Und reget ohn' Ende
Die fleißigen Hände,
Und mehrt den Gewinn
Mit ordnendem Sinn,[5]
Und füllet mit Schätzen die duftenden Laden[6]
Und dreht um die schnurrende Spindel den Faden.
Und sammelt im reinlich geglätteten Schrein[7]

---

1, treiben, grow. 2, Habe, goods. 3, wachsen, increase. 4, wehret, controles. 5, mit......Sinn, by her orderly mind. 6, Laden, chest. 7, geglätteten Schrein, polished presses.

Die schimmernde Wolle, den schneeigten Lein,[1]
Und füget zum Guten den Glanz und den Schimmer,
Und ruhet nimmer.

Und der Vater mit frohem Blick,
Von des Hauses weitschauendem Giebel[2]
Ueberzählet[3] sein blühend Glück,
Siehet der Pfosten ragende Bäume[4]
Und der Scheunen gefüllte Räume
Und die Speicher, vom Segen gebogen,[5]
Und des Kornes bewegte Wogen,
Rühmt sich mit stolzem Mund:
Fest, wie der Erde Grund,
Gegen des Unglücks Macht
Steht mir des Hauses Pracht!
Doch mit des Geschickes Mächten
Ist kein ew'ger Bund zu flechten,
Und das Unglück schreitet schnell.

Wohl! nun kann der Guß beginnen;
Schön gezacket ist der Bruch.[6]
Doch, bevor wir's lassen rinnen,
Betet einen frommen Spruch!
Stoßt den Zapfen aus![7]
Gott bewahr' das Haus!

---

1, Lein, linen. 2, weitschauendem Giebel, lofty gable. 3, überzählet, counts over. 4, der Pfosten ragende Bäume, new beams in his lofty trees. 5, vom Segen gebogen, bent with plenty. 6, schön gezacket ist der Bruch, finely indented is the fracture (of the sample), see page 111, note 1. 7, Stoßt den Zapfen aus, strike out the stopper.

Rauchend in des Henkels Bogen [1]
Schießt's mit feuerbraunen Wogen. [2]

Wohlthätig ist des Feuers Macht,
Wenn sie der Mensch bezähmt, bewacht,
Und was er bildet, was er schafft,
Das dankt er dieser Himmelskraft; [3]
Doch furchtbar wird die Himmelskraft,
Wenn sie der Fessel sich entrafft, [4]
Einhertritt auf der eignen Spur, [5]
Die freie Tochter der Natur.
Wehe, wenn sie losgelassen,
Wachsend ohne Widerstand,
Durch die volkbelebten [6] Gassen
Wälzt [7] den ungeheuren Brand!
Denn die Elemente hassen
Das Gebild [8] der Menschenhand.
Aus der Wolke
Quillt der Segen,
Strömt der Regen;
Aus der Wolke, ohne Wahl, [9]
Zuckt der Strahl. [10]
Hört ihr's wimmern hoch vom Thurm!
Das ist Sturm! [11]

---

1, in des Henkels Bogen, (in the form of a handle) i. e. an arched stream. 2, Schießt's mit feuerbraunen Wogen, it shoots forth in ruddy waves. 3, Himmelskraft, celestial power. 4, entrafft, breaks from. 5, einhertritt auf der eignen Spur, takes its own course. 6, volkbelebten, populous. 7, wälzt, whirls. 8, Gebild, work. 9, ohne Wahl, numberless. 10, Strahl, lightning. 11, Sturm, fire-alarm,

Roth, wie Blut,
Ist der Himmel:
Das ist nicht des Tages Gluth!
Welch Getümmel
Straßen auf!
Dampf wallt auf! [1]
Flackernd steigt die Feuersäule, [2]
Durch der Straße lange Zeile
Wächst es fort mit Windeseile; [3]
Kochend, wie aus Ofens Rachen,
Glühn die Lüfte, Balken krachen,
Pfosten stürzen, Fenster klirren,
Kinder jammern, Mütter irren,
Thiere wimmern
Unter Trümmern;
Alles rennet, rettet, flüchtet,
Taghell ist die Nacht gelichtet;
Durch der Hände lange Kette
Um die Wette [4]
Fliegt der Eimer; hoch im Bogen
Spritzen quellen Wasserwogen. [5]
Heulend kommt der Sturm geflogen,
Der die Flamme brausend sucht;
Prasselnd in die dürre Frucht [6]
Fällt sie, in des Speichers Räume,

---

1, Dampf wallt auf, **smoke breaks through.** 2, Feuersaule, **column of fire.** 3, Windeseile, **swiftness of the wind.** 4, um die Wette, **in emulation.** 5, Spritzen quellen Wasserwogen **the engines pour streams of water.** 6, dürre Frucht, **dry grain.**

In der Sparren dürre Bäume,[1]
Und als wollte sie im Wehen[2]
Mit sich fort der Erde Wucht
Reißen in gewalt'ger Flucht,
Wächst sie in des Himmels Höhen
Riesengroß!
Hoffnungslos
Weicht der Mensch der Götterstärke,
Müßig sieht er seine Werke
Und bewundernd untergehen.

Leergebrannt[3]
Ist die Stätte,
Wilder Stürme rauhes Bette.
In den öden Fensterhöhlen[4]
Wohnt das Grauen,
Und des Himmels Wolken schauen
Hoch hinein.

Einen Blick
Nach dem Grabe
Seiner Habe
Sendet noch der Mensch zurück —
Greift fröhlich dann zum Wanderstabe.
Was[5] Feuers Wuth ihm auch[5] geraubt,
Ein süßer Trost ist ihm geblieben:

---

1, Der Sparren dürre Bäume, **the dry timber of the beams.** 2, im Wehen, **sweeping.** 3, leer gebrannt, **burnt bare.** 4, Fensterhöhlen, **window-cells.** 5, was auch, **whatever.**

Er zählt die Häupter seiner Lieben,
Und sieh'! ihm fehlt kein theures Haupt.

In die Erd' ist's aufgenommen,
Glücklich ist die Form gefüllt;
Wird's auch schön zu Tage kommen,
Daß es Fleiß und Kunst vergilt?
Wenn der Guß mißlang?
Wenn die Form zersprang?
Ach, vielleicht, indem wir hoffen,
Hat uns Unheil schon getroffen.

Dem dunkeln Schooß der heil'gen Erde
Vertrauen wir der Hände That,
Vertraut der Sämann seine Saat
Und hofft, daß sie entkeimen [1] werde
Zum Segen, nach des Himmels Rath.[2]
Noch köstlicheren Samen bergen
Wir trauernd in der Erde Schooß
Und hoffen, daß er aus den Särgen
Erblühen [3] soll zu schönerm Loos.

Von dem Dome,
Schwer und bang,
Tönt die Glocke
Grabgesang.
Ernst begleiten ihre Trauerschläge [4]
Einen Wandrer auf dem letzten Wege.

---

1, entkeimen, spring up. 2, Rath, providence. 3, erblühen, blossom forth. 4, Trauerschläge, knell.

Ach! die Gattin ist's, die theure,
Ach! es ist die treue Mutter,
Die der schwarze Fürst der Schatten
Wegführt aus dem Arm des Gatten,
Aus der zarten Kinder Schaar,
Die sie blühend ihm gebar,
Die sie an der treuen Brust
Wachsen sah mit Mutterlust —
Ach! des Hauses zarte Bande
Sind gelöst auf immerdar;
Denn sie wohnt im Schattenlande,
Die des Hauses Mutter war;
Denn es fehlt ihr treues Walten,
Ihre Sorge wacht nicht mehr;
An verwaister Stätte schalten[1]
Wird die Fremde, liebeleer.[2]

Bis die Glocke sich verkühlet,
Laßt die strenge Arbeit ruhn.
Wie im Laub der Vogel spielet,
Mag sich jeder gütlich thun.[3]
Winkt der Sterne Licht,
Ledig aller Pflicht,
Hört der Bursch die Vesper schlagen;
Meister muß sich immer plagen.

---

1, verwaister Stätte, motherless hearth. 2, liebeleer, void of love. 3, sich gütlich thun, make himself comfortable.

Munter fördert seine Schritte
Fern im wilden Forst der Wandrer
Nach der lieben Heimathhütte.[1]
Blöckend ziehen heim die Schafe,
Und der Rinder
Breitgestirnte, glatte Schaaren[2]
Kommen brüllend,
Die gewohnten Ställe füllend.
Schwer herein
Schwankt der Wagen,
Kornbeladen;
Bunt von Farben,
Auf den Garben
Liegt der Kranz,
Und das junge Volk der Schnitter
Fliegt zum Tanz.
Markt und Straße werden stiller;
Um des Lichts gesell'ge Flamme
Sammeln sich die Hausbewohner,[3]
Und das Stadtthor schließt sich knarrend.
Schwarz bedecket
Sich die Erde;
Doch den sichern Bürger schrecket
Nicht die Nacht,
Die den Bösen gräßlich wecket;
Denn das Auge des Gesetzes wacht.

---

1, Heimathhütte, cottage home. 2, glatte Schaaren, sleek herds. 3, Hausbewohner, inmates of the house.

Heil'ge Ordnung, segenreiche
Himmelstochter, die das Gleiche
Frei und leicht und freudig bindet,
Die der Städte Bau gegründet, [1]
Die herein von den Gefilden [2]
Rief den ungesell'gen Wilden,
Eintrat in der Menschen Hütten,
Sie gewöhnt zu sanften Sitten:
Und das theuerste der Bande
Wob, den Trieb [3] zum Vaterlande!

Tausend fleiß'ge Hände regen,
Helfen sich in munterm Bund,
Und in feurigem Bewegen
Werden alle Kräfte kund. [4]
Meister rührt sich und Geselle
In der Freiheit heil'gem Schutz;
Jeder freut sich seiner Stelle, [5]
Bietet dem Verächter Trutz.
Arbeit ist des Bürgers Zierde,
Segen ist der Mühe Preis;
Ehrt den König seine Würde,
Ehret uns der Hände Fleiß.

Holder Friede,
Süße Eintracht,
Weilet, weilet

1, Bau gegründet, planned the building. 2, Gefilden, open fields. 3, Trieb, instinctive love. 4, werden kund, are called into action. 5, Stelle, sphere.

Freundlich über dieser Stadt!
Möge nie der Tag erscheinen,
Wo des rauhen Krieges Horden
Dieses stille Thal durchtoben;[1]
Wo der Himmel,
Den des Abends sanfte Röthe
Lieblich malt,
Von der Dörfer, von der Städte
Wildem Brande schrecklich strahlt!

Nun zerbrecht mir das Gebäude,[2]
Seine Absicht hat's erfüllt,
Daß sich[3] Herz und Auge weide[3]
An dem wohlgelungnen Bild.[4]
Schwingt den Hammer, schwingt,
Bis der Mantel[5] springt![6]
Wenn die Glock' soll auferstehen,[7]
Muß die Form in Stücken gehen.

Der Meister kann die Form zerbrechen
Mit weiser Hand, zur rechten Zeit;
Doch wehe, wenn in Flammenbächen[8]
Das glühnde Erz sich selbst befreit!
Blindwüthend, mit des Donners Krachen,
Zersprengt es das geborstne Haus,
Und wie aus offnem Höllenrachen

---

1, durchtoben, **riot.** 2, Gebäude, **mould.** 3, sich weide, **feast.** 4, wohlgelung'nen Bild, **much successful cast.** 5, Mantel, **mould.** 6, springt for zerspringt. 7, auferstehen, **to rise from out the earth.** 8, Flammenbächen, **floods of flames.**

Speit es Verderben zündend [1] aus.
Wo rohe Kräfte sinnlos walten,
Da kann sich kein Gebild gestalten;
Wenn sich die Völker selbst befrein,
Da kann die Wohlfahrt nicht gedeihn.

Weh, wenn sich in dem Schooß der Städte
Der Feuerzunder [2] still gehäuft,
Das Volk, zerreißend seine Kette,
Zur Eigenhilfe [3] schrecklich greift!
Da zerret an der Glocke Strängen
Der Aufruhr, daß sie heulend schallt
Und, nur geweiht zu Friedensklängen,
Die Losung anstimmt zur Gewalt. [4]

Freiheit und Gleichheit! hört man schallen;
Der ruh'ge Bürger greift zur Wehr, [5]
Die Straßen füllen sich, die Hallen,
Und Würgerbanden ziehn umher. [6]
Da werden Weiber zu Hyänen
Und treiben [7] mit Entsetzen Scherz; [7]
Noch zuckend, mit des Panthers Zähnen,
Zerreißen sie des Feindes Herz.
Nichts Heiliges ist mehr, es lösen
Sich alle Bande frommer Scheu; [8]
Der Gute räumt den Platz [9] dem Bösen,

1, Verderben zündend, fiery ruin. 2, Feuerzunder, tinder. 3, Eigenhilfe, self-help. 4, Gewalt, violence. 5, greift zur Wehr, grasps his weapon. 6, Würgerbanden ziehn umher, bands of murderers spread around. 7, treiben Scherz, jest. 8, Scheu, awe. 9, räumt den Platz, yields his place.

Und alle Laster walten frei.
Gefährlich ist's, den Leu zu wecken,
Verderblich ist des Tigers Zahn;
Jedoch der schrecklichste der Schrecken,
Das ist der Mensch in seinem Wahn. 1
Weh denen, die dem Ewigblinden [2]
Des Lichtes Himmelsfackel [3] leihn!
Sie strahlt ihm nicht, sie kann nur zünden,
Und äschert [4] Städt' und Länder ein. 4

Freude hat mir Gott gegeben!
Sehet! wie ein goldner Stern,
Aus der Hülse, [5] blank und eben,
Schält sich der metallne Kern.
Von dem Helm zum Kranz [6]
Spielt's wie Sonnenglanz.
Auch des Wappens nette Schilder
Loben den erfahrnen Bilder. 7

Herein! Herein!
Gesellen alle, schließt den Reihen! 8
Daß wir die Glocke taufend weihen!
Concordia soll ihr Name sein.
Zur Eintracht, zu herzinnigem [9] Vereine
Versammle sie die liebende Gemeine.

---

1, Wahn, frenzy. 2, Ewigblinden, ever-blind. 3, des Lichtes Himmelsfackel, the torch of heaven's light. 4, äschert ein, reduces to ashes. 5, Hülse, shell. 6, von dem Helm zum Kranz, from top to rim. 7, Bilder, builder, master. 8, schließt den Reihen, form a ring. 9, herzinnigem, hearty.

Und dies sei fortan ihr Beruf,
Wozu der Meister sie erschuf:
Hoch überm niedern Erdenleben
Soll sie im blauen Himmelszelt, [1]
Die Nachbarin des Donners, schweben,
Und grenzen an die Sternenwelt, [2]
Soll eine Stimme sein von oben,
Wie der Gestirne helle Schaar,
Die ihren Schöpfer wandelnd loben
Und führen das bekränzte Jahr.
Nur ewigen und ernsten Dingen
Sei ihr metallner Mund geweiht,
Und stündlich mit den schnellen Schwingen
Berühr' im Fluge sie die Zeit.
Dem Schicksal leihe sie die Zunge;
S e l b st herzlos, ohne Mitgefühl,
Begleite sie mit ihrem Schwunge
Des Lebens wechselvolles [3] Spiel.
Und wie der Klang im Ohr vergehet,
Der mächtig tönend ihr entschallt, [4]
So lehre sie, daß nichts bestehet,
Daß alles Irdische verhallt.

Jetzo [5] mit der Kraft des Stranges
Wiegt die Glock' mir aus der Gruft,
Daß sie in das Reich des Klanges

---

1, Himmelszelt, canopy of heaven. 2, Sternenwelt, starry world. 3, wechselvolles, ever-changing. 4, entschallt, rings from. 5, jetzo, (obsol.) for jetzt.

Steige in die Himmelsluft!
Ziehet, ziehet, hebt!
Sie bewegt sich, schwebt!
Freude dieser Stadt bedeute,
Friede sei ihr erst Geläute.

---

## Hoffnung.

Es reden und träumen die Menschen viel
Von besseren künftigen Tagen;
Nach einem glücklichen, goldenen Ziel
Sieht man sie rennen und jagen.
Die Welt wird alt und wird wieder jung,
Doch der Mensch hofft immer Verbesserung.[1]

Die Hoffnung führt ihn ins Leben ein,
Sie umflattert[2] den fröhlichen Knaben,
Den Jüngling locket ihr Zauberschein,[3]
Sie wird mit dem Greis nicht begraben;
Denn beschließt er im Grabe den müden Lauf,
Noch am Grabe pflanzt er — die Hoffnung auf.

Es ist kein leerer, schmeichelnder Wahn,
Erzeugt[4] im Gehirne des Thoren.
Im Herzen kündet es laut sich an:
Zu was Besserm sind wir geboren;
Und was die innere Stimme spricht,
Das täuscht die hoffende Seele nicht.

---

1, Verbesserung for the better. 2, umflattert, plays around. 3, locket ihr Zauberschein, her magic gleam allures. 4, erzeugt, begotten.

## Die Worte des Glaubens.

Drei Worte nenn' ich euch, inhaltschwer,[1]
  Sie gehen von Munde zu Munde;
Doch stammen[2] sie nicht von außen her,[2]
  Das Herz nur gibt davon Kunde.
Dem Menschen ist aller Werth geraubt,
Wenn er nicht mehr an die drei Worte glaubt

Der Mensch ist frei geschaffen, ist frei,
  Und würd' er in Ketten geboren.
Laßt euch nicht irren[3] des Pöbels Geschrei,
  Nicht den Mißbrauch rasender Thoren!
Vor dem Sklaven,[4] wenn er die Kette bricht,
Vor dem freien Menschen erzittert nicht!

Und die Tugend, sie ist kein leerer Schall,
  Der Mensch kann sie üben im Leben,
Und sollt' er auch[5] straucheln überall,
  Er kann nach der göttlichen streben,
Und was kein Verstand der Verständigen sieht,
Das übet in Einfalt ein kindlich Gemüth.

---

1, inhaltschwer, full of meaning. 2, stammen her, come from. 3, irren for beirren, to mislead. 4, Sklaven, — erzittert is understood here. 5, sollt' er auch, though he should.

Und ein Gott ist, ein heiliger Wille lebt,
Wie auch der menschliche wanke;
Hoch über der Zeit und dem Raume webt [1]
Lebendig der höchste Gedanke,
Und ob Alles in ewigem Wechsel kreist,
Es beharret im Wechsel ein ruhiger [2] Geist.

Die drei Worte bewahret euch, inhaltschwer,
Sie pflanzet von Munde zu Munde,
Und stammen sie gleich nicht von außen her,
Euer Innres gibt davon Kunde.
Dem Menschen ist nimmer sein Werth geraubt,
So lang er noch an die drei Worte glaubt.

---

### Die Worte des Wahns.

Drei Worte hört man, bedeutungsschwer, [3]
Im Munde der Guten und Besten.
Sie schallen vergeblich, ihr Klang ist leer,
Sie können nicht helfen und trösten.
Verscherzt [4] ist dem Menschen des Lebens Frucht,
So lang er die Schatten zu haschen sucht.

---

1, webt, (weaves,) reigns. 2, ruhiger immutable. 3, bedeutungsschwer, full of moment. 4, verscherzt, trifled away, lost.

So lang er glaubt an die goldene Zeit,
Wo das Rechte, das Gute wird siegen —
Das Rechte, das Gute führt ewig Streit,
Nie wird der Feind ihm erliegen,
Und erstickst du ihn nicht in den Lüften frei,
Stets wächst ihm die Kraft auf der Erde neu. [1]

So lang er glaubt, daß das buhlende Glück [2]
Sich dem Edeln vereinigen werde —
Dem Schlechten folgt es mit Liebesblick; [3]
Nicht dem Guten gehöret die Erde,
Er ist ein Fremdling, er wandert aus
Und suchet ein unvergänglich Haus. [4]

So lang er glaubt, daß dem ird'schen Verstand
Die Wahrheit je wird erscheinen —
Ihren Schleier hebt keine sterbliche Hand;
Wir können nur rathen und meinen. [5]
Du kerkerst [6] den Geist in ein tönend Wort,
Doch der freie wandelt im Sturme fort.

---

1, Erde neu, this is a fine, but somewhat obscure figure. It is an allusion to Hercules' fight with Antaeus, the Son of the Earth, whom he could not destroy except by raising him from the ground and stifling him in the air. 2, buhlende Glück, coquettish fortune. 3, Liebesblick, favors. 4, unvergänglich Haus, eternal home. 5, rathen und meinen, guess and think. 6, kerkerst, thou imprisonest.

Drum, edle Seele, entreiß dich dem Wahn,
Und den himmlischen Glauben bewahre!
Was kein Ohr vernahm, was die Augen nicht sahn,
Es ist dennoch das Schöne, das Wahre!
Es ist nicht draußen, da sucht es der Thor;
Es ist in dir, du bringst es ewig hervor.[1]

---

## Thekla's Lied.

Aus: „Die Piccolomini". 7. Scene, 3. Act.

Der Eichwald[2] brauset, die Wolken ziehn,[3]
Das Mägdlein wandelt an Ufers Grün,
Es bricht sich die Welle mit Macht, mit Macht,
Und sie singt hinaus in die finstre Nacht,
Das Auge von Weinen getrübet.[4]

Das Herz ist gestorben, die Welt ist leer,
Und weiter gibt sie dem Wunsche nichts mehr.
Du Heilige,[5] rufe dein Kind zurück,
Ich habe genossen das irdische Glück,
Ich habe gelebt und geliebet.

---

1, du bringst es ewig hervor, thou createst it continually. 2, Eichwald, oak-forest. 3, ziehen, — sich zusammen, understood — gather. 4, getrübet, dim. 5, Heilige, Holy Virgin.

## Die Blumen.

Kinder der verjüngten Sonne,
Blumen der geschmückten Flur,
Euch erzog zu Lust und Wonne,
Ja, euch liebte die Natur.
Schön das Kleid mit Licht gesticket,
Schön hat Flora euch geschmücket
Mit der Farben Götterpracht.[1]
Holde Frühlingskinder, klaget!
Seele hat sie euch versaget,
Und ihr selber wohnt in Nacht.

Nachtigall und Lerche singen
Euch der Liebe selig Loos,
Gaukelnde Sylphiden schwingen
Buhlend [2] sich auf eurem Schooß.
Wölbte eures Kelches Krone
Nicht die Tochter der Dione [3]
Schwellend zu der Liebe Pfühl? [4]
Zarte Frühlingskinder, weinet!
Liebe hat sie euch verneinet,
Euch das selige Gefühl.

---

1, Götterpracht, godly splendor. 2, buhlend, loving. 3, Die Tochter der Dione, Venus. 4, schwellend zu der Liebe Pfühl, for love's softest couch.

Aber hat aus Nanny's Blicken
  Mich der Mutter Spruch verbannt.
Wenn euch meine Hände pflücken
  Ihr zum zarten Liebespfand,
Leben, Sprache, Seelen, Herzen,
Stumme Boten süßer Schmerzen,
  Goß euch dies Berühren [1] ein,
Und der mächtigste der Götter
Schließt [2] in eure stillen Blätter
  Seine hohe Gottheit ein. [2]

---

### Würde der Frauen.

Ehret die Frauen! sie flechten und weben
Himmlische Rosen ins irdische Leben,
Flechten der Liebe beglückendes [3] Band,
Und in der Grazie züchtigem Schleier
Nähren sie wachsam das ewige Feuer
Schöner Gefühle mit heiliger Hand.

  Ewig aus der Wahrheit Schranken
  Schweift des Mannes wilde Kraft;
  Unstät treiben die Gedanken
  Auf dem Meer der Leidenschaft;

---

1, dies Berühren, this (my) touch. 2, schließt ein, encloses.
3, beglückendes, blissful.

Gierig greift er in die Ferne,
Nimmer wird sein Herz gestillt;
Rastlos durch entlegne Sterne
Jagt er seines Traumes Bild.

Aber mit zauberisch fesselndem Blicke
Winken die Frauen den Flüchtling zurücke,
Warnend zurück in der Gegenwart Spur. [1]
In der Mutter bescheidener Hütte
Sind sie geblieben mit schamhafter Sitte, [2]
Treue Töchter der frommen Natur.

Feindlich ist des Mannes Streben,
Mit zermalmender Gewalt
Geht der wilde durch das Leben,
Ohne Rast und Aufenthalt. [3]
Was er schuf, zerstört er wieder,
Nimmer ruht der Wünsche Streit,
Nimmer, wie das Haupt der Hyder [4]
Ewig fällt und sich erneut.

Aber zufrieden mit stillerem Ruhme,
Brechen die Frauen des Augenblicks Blume,
Nähren sie sorgsam mit liebendem Fleiß,
Freier [5] in ihrem gebundenen Wirken, [6]
Reicher, als er, in des Wissens Bezirken [7]
Und in der Dichtung unendlichem Kreis.

---

1, Gegenwart Spur, **present world.** 2, schamhafter Sitte, **innate chastity.** 3, Aufenthalt, **stopping.** 4, Hyder, **hydra.** 5, freier, **comp. of** frei. 6, gebundenen Wirken, **narrow sphere.** 7, Bezirken, **realms.**

Streng und stolz, sich selbst genügend,
Kennt des Mannes kalte Brust,
Herzlich an ein Herz sich schmiegend,
Nicht der Liebe Götterlust,
Kennet nicht den Tausch der Seelen,
Nicht in Thränen schmilzt er hin;
Selbst [1] des Lebens Kämpfe stählen
Härter seinen harten Sinn.

Aber, wie leise vom Zephyr erschüttert,
Schnell die äolische Harfe erzittert,
Also [2] die fühlende Seele der Frau.
Zärtlich geängstigt vom Bilde [3] der Qualen,
Wallet der liebende Busen, es strahlen
Perlend die Augen von himmlischem Thau. [4]

In der Männer Herrschgebiete [5]
Gilt [6] der Stärke trotzig Recht;
Mit dem Schwert beweist der Scythe, [7]
Und der Perser wird zum Knecht.
Es befehden sich im Grimme
Die Begierden wild und roh,
Und der Eris [8] rauhe Stimme
Waltet, wo die Charis [9] floh.

---

1, selbst, adv. 2, also, supply ist, thus is. 3, vom Bilde by the vision. 4, es strahlen....Thau, her eyes glisten with heavenly dew. 5, Herrschgebiete, dominion. 6, gilt, decides. 7, mit...... Scythe, the Scythian rules with the sword 8, Eris, the Grecian Goddess of discord. 9, Charis, the Grecian Goddess of grace.

Aber mit sanft überredender [1] Bitte
Führen die Frauen den Scepter der Sitte,
Löschen die Zwietracht, die tobend entglüht, [2]
Lehren die Kräfte, die feindlich sich hassen,
Sich in der lieblichen Form zu umfassen, [3]
Und vereinen, was ewig sich flieht.

---

## Punschlied.

Vier Elemente,
Innig gesellt, [4]
Bilden das Leben,
Bauen die Welt.

Preßt der Citrone
Saftigen Stern!
Herb ist des Lebens
Innerster Kern.

Jetzt mit des Zuckers
Linderndem Saft
Zähmet die herbe
Brennende Kraft!

---

1, überredender, **winning.** 2, tobend entglüht, **burns with hate.** 3, sich....umfassen, **to embrace each other in a band of love.** 4, innig gesellt, **in friendly union.**

Gießet des Wassers
Sprudelnden Schwall! [1]
Wasser umfänget
Ruhig das All.

Tropfen des Geistes
Gießet hinein!
Leben dem Leben
Gibt er allein.

Eh' es verdüftet,
Schöpfet es schnell!
Nur wenn er glühet,
Labet der Quell.

---

1, sprudelnden Schwall, bubbling liquid.

## Gottfried August Bürger,

the father of the German ballad, was born at Wolmerswende near Halberstadt, in 1748. In his boyhood he was very backward in his studies, but began early to write verses. In 1764, he began the study of Divinity at Halle, but thinking himself more fitted for law than divinity, he changed his profession and studied Law at Göttingen. This change so displeased his grandfather upon whom he was dependant, that he withdrew his support, and he was obliged to accept the aid of some of his young College-friends. With them he studied French, Italian, Spanish and English, particularly the ballad literature. In 1772, he obtained the small office of baily, still mantaining a close connection with the literary circle known as the "Göttingen Bardenbund". His first marriage proved unhappy, but after his wife's death, he married her sister to whom he had been long attached — the "Molly" of his poems. This union was happy but brief, as she died a few months after their marriage. In 1790, he received the appointment as Professor Extraordinary at the University of Göttingen, but with little or no salary. All his little property was gone, and the great poet earned a poor living by translating books for the publishers. To complete his misfortune he married again, "The Swabian Girl," who under this name in a poem had offered him her hand; two years after he was divorced from her. Shortly before his death he received some assistance from the government of Hanover, but on the 8th of June 1794, he died of disease of the lungs — a disease brought on by poverty and wretchedness. Schlegel calls him a true poet of the people; and his style, though sometimes coarse, is clear, vigorous and fresh. His works are: "Poems", "Macbeth", "Münchhausen's Travels", a translation of the first 6 books of the "Iliad", and a prose version of "Ossian".

A marble monument has been erected to his memory in the public gardens at Goettingen.

# THE WILD HUNTSMAN.

## A Ballad.

The legend of the Wild Huntsman is of a very ancient date, and Grimm in his "German Mythology" tries to prove, that it originated long before the introduction of Christianity into Germany. The pagans were used to attribute their own modes of life to their gods, and considered the workings of the elements as proceeding from them. Christianity did not root up the false belief, it only changed it into superstition; Evil Beings, Malignant Spirits and Goblins took the place of the ancient divinities and furies. The principal actor of this ballad like the Wandering Jew is doomed, on account of his crimes to roam about until the dawn of the day of judgment. Bürger has closely followed ancient tradition, the name "Wild- und Rheingraf" (Count of the Wilds and Lower-Rhine districts which was the title of the Counts of Huntsrück) and the general arrangement is of course of his own invention.

### Der wilde Jäger.

Der Wild- und Rheingraf stieß in's Horn:
„Halloh, halloh, zu Fuß und Roß!" [1]
Sein Hengst erhob sich wiehernd vorn;
Laut rasselnd stürzt ihm nach der Troß;
Laut klifft und klafft es,[2] frei vom Koppel,
Durch Korn und Dorn, durch Haid und Stoppel.

Vom Strahl der Sonntagsfrühe [3] war
Des hohen Domes Kuppel blank.
Zum Hochamt [4] rufte [5] dumpf und klar

1, zu Fuß und Roß, (he calls on his vassals and serfs.) 2, klifft und klafft es, it yelps and barks; klifft is a word of Bürger's own coining, it is merely a change of the root-vowel in klafft, and means the same; by es, the hounds are understood, as shown by the following words, frei vom Koppel, free of leashes. 3, Sonntagsfrühe, sabbath-morn. 4, Hochamt, high-mass. 5, rufte (poet. licence) for rief; rufen is an irreg. verb.

Der Glocken ernster Feierklang.
Fern tönten lieblich die Gesänge
Der andachtsvollen Christenmenge.[1]

Rischrasch[2] quer über'n Kreuzweg ging's,
Mit Horridoh und Hussasa.[3]
Sieh da! Sieh da! kam rechts und links
Ein Reiter hier, ein Reiter da!
Des Rechten[4] Roß war Silbersblinken,[5]
Ein Feuerfarbner[6] trug den Linken.[7]

Wer waren Reiter links und rechts?
Ich ahn' es wohl, doch weiß ich's nicht.
Lichthehr[8] erschien der Reiter rechts,
Mit mildem-Frühlingsangesicht;[9]
Graß dunkelgelb[10] der linke Ritter
Schoß Blitz' vom Aug', wie Ungewitter.[11]

„Willkommen hier, zu rechter Frist![12]
Willkommen zu der edlen Jagd!
Auf Erden und im Himmel ist

---

1, Christenmenge, crowd of Christians. 2, rischrasch, briskly on; another instance of the remark in note 2, p. 137; rasch is not nearly so emphatic, neither would the mere repetition be. 3, Horridoh und Hussasa, the cheering of the men and dogs. 4, des Rechten, of him to the right. 5, Silber's Blinken, glittered like silver. 6 Feuerfarbner, a steed of fiery colors. 7, den Linken, him of the left. 8, lichthehr, encompassed by a halo. 9, Frühlingsangesicht, a face like spring. 10, graß dunkelgelb, horrid lurid. 11, Ungewitter, thunder-clouds. 12, zu rechter Frist, in right-good time.

Kein Spiel, das lieblicher behagt!" —[1]
Er rief's, schlug laut sich an die Hüfte,
Und schwang den Hut hoch in die Lüfte.

„Schlecht stimmet[2] deines Hornes Klang,
Sprach der zur Rechten, sanften Muths,[3]
Zu Feierglock' und Chorgesang.
Kehr um! Erjagst dir heut nichts Gut's.
Laß dich den guten Engel warnen,
Und nicht vom Bösen dich umgarnen. —[4]

„Jagt zu, jagt zu,[5] mein edler Herr!
Fiel[6] rasch der linke Ritter drein.
Was Glockenklang? Was Chorgeplärr?[7]
Die Jagdlust mag euch baß[8] erfreun.
Laßt mich, was fürstlich ist, euch lehren,
Und euch von Jenem nicht bethören!" —

„Ha! Wohlgesprochen, linker Mann!
Du bist ein Held nach meinem Sinn;
Wer nicht des Waidwerks pflegen kann,
Der scher'[9] an's Paternoster hin!
Mag's, frommer Narr, dich baß verdrießen,
So will ich meine Lust doch büßen![10]

---

1, das lieblicher behagt, which delights more sweetly. 2, stimmet, accords. 3, Muths, disposition. 4, umgarnen, ensnare. 5, zu, in this connection, means TO GO ON WITH. 6, fiel drein — in's Wort fallen, is a German idiom, to interrupt one. 7, Chorgeplärre, choir-chit-chat. 8, baß posit. of besser, it is an old form for gut. 9, der scher' (sich is elided), let him be gone. 10, meine Lust büßen, gratify my desire.

Und hurre hurre,[1] vorwärts ging's,
Feld ein und aus, Berg ab und an.
Stets ritten Reiter rechts und links
Zu beiden Seiten neben an.
Auf sprang ein weißer Hirsch von ferne,
Mit sechszehnzackigem Gehörne.[2]

Und lauter stieß der Graf in's Horn;
Und rascher flog's zu Fuß und Roß;
Und sieh! bald hinten und bald vorn
Stürzt' Einer todt dahin vom Troß.
„Laß stürzen! Laß zur Hölle stürzen!
Das darf nicht Fürstenlust verwürzen.[3]"

Das Wild duckt sich in's Aehrenfeld,[4]
Und hofft da sichern Aufenthalt.
Sieh da! Ein armer Landmann stellt
Sich dar[5] in kläglicher Gestalt.[6]
„Erbarmen, lieber Herr, Erbarmen!
Verschont den sauern Schweiß des Armen!"

Der rechte Ritter sprengt heran,
Und warnt den Grafen sanft und gut.
Doch baß hetzt ihn der linke Mann
Zu schadenfrohem Frevelmuth.[7]
Der Graf verschmäht des Rechten Warnen,
Und läßt vom Linken sich umgarnen.

---

1, hurre for hurtig, quick, in hurry. 2, mit sechszehnzackigem Gehörne, of sixteen antlers. 3, Fürstenlust verwürzen, disrelish the pleasure of princes. 4, Aehrenfeld, corn field. 5, stellt sich dar, presents himself. 6, in kläglicher Gestalt, with a mournful face. 7, schadenfrohem Frevelmuth, wanton mischief.

„Hinweg! du Hund! schnaubt[1] fürchterlich
Der Graf den armen Pflüger an,[1]
Sonst hetz' ich selbst, beim Teufel! dich.
Halloh, Gesellen, drauf und dran![2]
Zum Zeichen, daß ich wahr geschworen,
Knallt ihm die Peitschen um die Ohren!"

Gesagt, gethan! Der Wildgraf schwang[3]
Sich über'n Hagen rasch voran,
Und hinterher, bei Knall und Klang,
Der Troß mit Hund und Roß und Mann;
Und Hund und Mann und Roß zerstampfte
Die Halmen, daß der Acker dampfte.

Vom nahen Lärm empor gescheucht,[4]
Feld ein und aus, Berg ab und an
Gesprengt,[5] verfolgt, doch unerreicht,
Ereilt das Wild des Angers Plan;
Und mischt sich, da[6] verschont zu werden,
Schlau mitten zwischen zahme Heerden.

Doch hin und her, durch Flur und Wald,
Und her und hin, durch Wald und Flur,
Verfolgen und erwittern[7] bald

---

1, schnaubt an, (snubs) **assails.** 2, drauf und dran, **forward and away.** 3, schwang sich über'n Hagen, **leapt over the hedge.** über'n **is popularly used for** über den, **though the grammar does not recognize such a contraction.** 4, empor gescheucht, **roused up in fright.** 5, gesprengt, **started.** 6, da, um **is elided before** da. 7, erwittern, **scent.**

Die raschen Hunde seine Spur.
Der Hirt, voll Angst für seine Heerde,
Wirft vor dem Grafen sich zur Erde.

„Erbarmen, Herr, Erbarmen! Laßt
Mein armes stilles Vieh in Ruh'!
Bedenket, lieber Herr, hier grast
So mancher armen Witwe Kuh.
Ihr Eins und Alles spart der Armen![1]
Erbarmen, lieber Herr, Erbarmen!"

Der rechte Ritter sprengt heran,
Und warnt den Grafen sanft und gut.
Doch baß hetzt ihn der linke Mann
Zu schadenfrohem Frevelmuth.
Der Graf verschmäht des Rechten Warnen,
Und läßt vom Linken sich umgarnen.

— — — — — —
— — — — — —
— — — — —
— — — — —
— — — — — — —
— — — — — —

Halloh, Gesellen, drauf und dran!
Jo! Doho! Ho! Hussasasa!" —[2]
Und jeder Hund fiel wüthend an,[3]

1, der Armen, genit. plural, of the poor their one and all. 2, Ho! Doho! &c., the cry of the hunters. 3, fiel an, (fell) pounced upon.

Was er zunächst vor sich ersah.
Bluttriefend [1] sank der Hirt zur Erde,
Bluttriefend Stück für [2] Stück die Heerde.

Dem Mordgewühl [3] entrafft sich kaum
Das Wild mit immer schwächerm Lauf,
Mit Blut besprengt, bedeckt mit Schaum,
Nimmt jetzt des Waldes Nacht es auf.
Tief birgt sich's in des Waldes Mitte,
In eines Klausners Gotteshütte. [4]

Risch ohne Rast mit Peitschenknall,
Mit Horridoh und Hussasa,
Und Kliff und Klaff und Hörnerschall,
Verfolgt's der wilde Schwarm auch da.
Entgegen tritt mit sanfter Bitte
Der fromme Klausner vor die Hütte:

„Laß ab, laß ab von dieser Spur! [5]
Entweihe Gottes Freistatt [6] nicht!
Zum Himmel ächzt die Creatur,
Und heischt [7] von Gott dein Strafgericht. [8]
Zum letzten Male laß dich warnen,
Sonst wird Verderben dich umgarnen!"

Der Rechte sprengt besorgt heran,
Und warnt den Grafen sanft und gut.
Doch baß hetzt ihn der linke Mann

1, bluttriefend, **blood-dripping.** 2, für, **by.** 3, Mordgewühl, **butchery.** 4, Gotteshütte, **chapel.** 5, Spur, **pursuit.** 6, Freistatt, **sanctuary.** 7, heischt, **demands.** 8, Strafgericht, **doom.**

Zu schadenfrohem Frevelmuth.
Und wehe! Trotz des Rechten Warnen,
Läßt er vom Linken sich umgarnen!

„Verderben hin, Verderben her! [1]
Das", ruft er, „macht mir wenig Graus.
Und wenn's im dritten Himmel wär',
So acht' ich's keine Fledermaus. [2]
Mag's Gott und dich, du Narr, verdrießen [3]
So will ich meine Lust doch büßen!"

Er schwingt die Peitsche, stößt in's Horn:
„Halloh, Gesellen, drauf und dran!"
Hui! schwinden [4] Mann und Hütte vorn,
Und hinten schwinden Roß und Mann;
Und Knall und Schall und Jagdgebrülle [5]
Verschlingt auf einmal [6] Todtenstille.

Erschrocken blickt der Graf umher;
Er stößt in's Horn, es tönet nicht;
Er ruft, und hört sich selbst nicht mehr;
Der Schwung der Peitsche sauset nicht;
Er spornt sein Roß in beide Seiten,
Und kann nicht vor- nicht rückwärts reiten.

Drauf wird es düster um ihn her,
Und immer düstrer, wie ein Grab.
Dumpf rauscht es, wie ein fernes Meer.

1, Verderben hin, Verderben her, I care nought for perdition. 2, So...... Fledermaus, (so care I it not a bat) I care not a fig for it. 3, verdrießen, offend. 4, Hui, schwinden, in a trice, disappear. 5, Jagdgebrülle, the loud noise of the chase 6, auf einmal, on a sudden.

Hoch über seinem Haupt herab
Ruft furchtbar mit Gewittergrimme,[1]
Dies Urtel[2] eine Donnerstimme:

„Du Wüth'rich, teuflischer Natur,
Frech gegen Gott und Mensch und Thier
Das Ach und Weh[3] der Creatur,
Und deine Missethat an ihr[4]
Hat laut dich vor Gericht gefordert,
Wo hoch der Rache Fackel lodert.

Fleuch, Unhold, fleuch,[5] und werde jetzt,
Von nun an[6] bis in Ewigkeit,
Von Höll' und Teufel selbst gehetzt!
Zum Schreck[7] der Fürsten jeder Zeit,
Die, um verruchter Lust zu frohnen,[8]
Nicht Schöpfer noch Geschöpf verschonen! —

Ein schwefelgelber Wetterschein[9]
Umzieht hierauf des Waldes Laub.
Angst rieselt ihm durch[10] Mark und Bein;
Ihm wird[11] so schwül, so dumpf und taub!
Entgegen weht ihm kaltes Grausen,
Dem Nacken folgt Gewittersausen.[12]

---

1, Gewittergrimme, thunder-rage. 2, Urtel for Urtheil. 3, das Ach und Weh, the groan and anguish. 4, an ihr, upon her, Creatur is feminine, verübt is understood. 5, fleuch, (poet. imper.) of fliehen. 6, von nun an, henceforth. 7, zum Schreck, as a frightful example. 8, frohnen (poet. license) for fröhnen, to indulge. 9, schwefelgelber Wetterschein umzieht, a sulphur-yellow flashing glare envelops. 10, rieselt durch thrills. 11, ihm wird, (to him becomes) he begins to feel. 12, Gewittersausen, storm-roaring.

Das Grausen weht, das Wetter saust,
Und aus der Erd' empor,[2] huhu! [1]
Fährt [2] eine schwarze Riesenfaust;
Sie spannt sich auf, sie krallt sich zu; [3]
Hui! [4] will sie ihn bei'm Wirbel packen; [5]
Hui! steht sein Angesicht im Nacken. [6]

Es flimmt und flammt [7] rund um ihn her,
Mit grüner, blauer, rother Gluth;
Es wallt um ihn ein Feuermeer;
Darinnen wimmelt Höllenbrut. [8]
Jach [9] fahren tausend Höllenhunde, [10]
Laut angehetzt,[11] empor vom Schlunde. [12]

Er rafft sich auf [13] durch Wald und Feld,
Und flieht, laut heulend Weh und Ach;
Doch durch die ganze weite Welt
Rauscht bellend ihm die Hölle nach,
Bei Tag tief durch der Erde Klüfte,
Um Mitternacht hoch durch die Lüfte.

Im Nacken bleibt sein Antlitz stehn,
So rasch die Flucht ihn vorwärts reißt.

---

1, Huhu! the cry of the great horned owl. also an exclamation of terror and disgust. 2, fährt empor, starts up. 3, sie...zu, it opens, it clinches. 4, Hui, in a trice. 5, will....packen, it is about to seize him by his crown. 6, im Nacken, looking backward. 7, flimmt, flammt, is repeated in the peculiar manner, noted before in note 2. p. 137. 8 Höllenbrut, hell-crew. 9, Jach (obs.) for jäh. 10, fahren Höllenhunde, hounds of hell start up. 11, angehetzt, cheered. 12, Schlunde, abyss, lower regions. 13, er rafft sich auf, he sweeps away.

Er muß die Ungeheuer sehn,
Laut angehetzt vom bösen Geist;
Muß sehn das Knirschen und das Jappen [1]
Der Rachen, welche nach ihm schnappen. —

Das ist des wilden Heeres Jagd,
Die bis zum jüngsten Tage [2] währt,
Und oft dem Wüstling noch bei Nacht
Zu Schreck und Graus vorüber fährt
Das könnte, müßt' er sonst nicht schweigen, [4]
Wohl manches Jägers Mund bezeugen.

---

## LENORA.

(A Ballad.)

**Time: The end of the Seven Year's War, 1763.**

## Lenore.

Lenore fuhr [5] um's [6] Morgenroth
Empor [5] aus schweren Träumen:
„Bist untreu, Wilhelm, oder todt?
Wie lange willst du säumen?" —

---

1, Jappen (provinc.) for klaffen. 2, jüngsten Tag, day of doom. 3, vorüber fährt, passes in career. 4, müßt er sonst nicht schweigen, were he not bound to keep it secret (from fear of incurring the vengeance of the Wild Huntsman.) 5, fuhr empor, started up. 6, um's, about.

Er war mit König Friedrichs Macht
Gezogen [1] in die Prager Schlacht,
Und hatte nicht geschrieben,
Ob er gesund geblieben.

Der König und die Kaiserinn, [2]
Des langen Haders müde,
Erweichten ihren harten Sinn,
Und machten endlich Friede;
Und jedes Heer, mit Sing und Sang, [3]
Mit Paukenschlag und Kling und Klang,
Geschmückt mit grünen Reisern, [4]
Zog heim zu seinen Häusern.

Und überall, all überall,
Auf Wegen und auf Stegen,
Zog Alt und Jung dem Jubelschall [5]
Der Kommenden entgegen.
„Gottlob!" rief Kind und Gattinn laut,
„Willkommen!" manche frohe Braut.
Ach! aber für Lenoren
War Gruß und Kuß verloren.

Sie frug den Zug [6] wohl auf und ab,
Und frug nach allen Namen; [7]
Doch Keiner war, der Kundschaft gab,
Von Allen, so da kamen.

---

1, gezogen, **marched.** 2, König, Kaiserin, **Frederic the Great and Mary Theresa of Austria.** 3, Sing und Sang, Sing **is merely a change of the vowel in** Sang, **as** Kling **in** Klang. 4, Reisern, **boughs.** 5, Jubelschall, **merry shouts.** 6, Zug, **ranks.** 7, Und frug nach allen Namen, **means, she asked all for him.**

Als nun das Heer vorüber war,
Zerraufte sie ihr Rabenhaar,
Und warf sich hin zur Erde,
Mit wüthiger Geberde.[1]

Die Mutter lief wohl hin zu ihr: —
„Ach daß sich Gott erbarme!
Du trautes Kind, was ist mit dir?“ —
Und schloß sie in die Arme. —
„O Mutter, Mutter! hin ist hin!
Nun fahre Welt und Alles hin![2]
Bei Gott ist kein Erbarmen.
O weh, o weh mir Armen!“ —

„Hilf, Gott, hilf! Sieh uns gnädig an!
Kind, bet' ein Vaterunser!
Was Gott thut, das ist wohl gethan.
Gott, Gott erbarmt sich unser!“ —
„O Mutter, Mutter! Eitler Wahn!
Gott hat an mir nicht wohl gethan!
Was half, was half mein Beten?
Nun ist's nicht mehr vonnöthen.“ —[3]

„Hilf, Gott, hilf! Wer den Vater kennt,
Der weiß, er hilft den Kindern.
Das hochgelobte[4] Sacrament
Wird deinen Jammer lindern.“ —

1, mit wüthiger Geberde, with despair in her countenance. 2, fahre hin, farewell to. 3, vonnöthen, of need. 4, hochgelobte, holy.

„O Mutter, Mutter! was mich brennt,
Das lindert mir kein Sacrament!
Kein Sacrament mag Leben
Dem Todten wiedergeben." —

„Hör', Kind! Wie, wenn der falsche Mann,
Im fernen Ungarlande,[1]
Sich seines Glaubens abgethan,[2]
Zum neuen Ehebande?
Laß fahren Kind, sein Herz dahin![3]
Er hat es nimmermehr Gewinn![4]
Wann Seel' und Leib sich trennen,
Wird ihn sein Meineid brennen." —

„O Mutter, Mutter! Hin ist hin!
Verloren ist verloren!
Der Tod, der Tod ist mein Gewinn!
O wär' ich nie geboren!
Lisch aus,[5] mein Licht, auf ewig aus!
Stirb hin, stirb hin in Nacht und Graus!
Bei Gott ist kein Erbarmen.
O weh, o weh mir Armen!" —

„Hilf, Gott, hilf! Geh' nicht in's Gericht
Mit deinem armen Kinde!
Sie weiß nicht was die Zunge spricht.
Behalt' ihr nicht die Sünde![6]

1, Ungarlande, Hungarian land. 2, abgethan, done away with, foresworn. 3, laß fahren dahin, let go. 4, Er.....Gewinn, he will never profit by it. 5, lisch' aus, Imper. of auslöschen, go out. 6, behalt' (keep) ihr nicht die Sünde, deal not with her according to her sin.

Ach, Kind, vergiß dein irdisch Leid,
Und denk' an Gott und Seligkeit!
So wird doch deiner Seelen [1]
Der Bräutigam nicht fehlen." —

„O Mutter! Was ist Seligkeit?
O Mutter! Was ist Hölle?
Bei ihm, bei ihm ist Seligkeit!
Und ohne Wilhelm Hölle!
Lisch aus, mein Licht, auf ewig aus!
Stirb hin, stirb hin in Nacht und Graus.
Ohn' ihn mag ich auf Erden,
Mag dort [2] nicht selig werden." — —

So wüthete Verzweifelung
Ihr in Gehirn und Adern.
Sie fuhr [3] mit Gottes Vorsehung
Vermessen fort zu hadern; [3]
Zerschlug den Busen, und zerrang [4]
Die Hand bis Sonnenuntergang,
Bis auf am Himmelsbogen
Die goldnen Sterne zogen.

Und außen, horch! ging's trap trap trap,
Als wie von Rosseshufen; [5]
Und klirrend stieg ein Reiter ab,
An des Geländers Stufen; [6]

1, deiner Seelen (poet. and pop.) for deiner Seele. 2, dort, yonder (in heaven). 3, fuhr fort zu hadern, continued to abuse 4, zerrang, wrung. 5, Rosseshufen, hoofs of horses. 6, Geländers Stufen, door-steps.

Und horch! und horch! den Pfortenring[1]
Ganz lose, leise, klinglingling!
Dann kamen durch die Pforte
Vernehmlich diese Worte:

„Holla, Holla! Thu' auf,[2] mein Kind!
Schläfst Liebchen, oder wachst du?
Wie bist noch gegen mich gesinnt?
Und weinest oder lachst du?" —
„Ach, Wilhelm, du?.... So spät bei Nacht?....
Geweinet hab' ich und gewacht;
Ach, großes Leid erlitten!
Wo kommst du hergeritten?" —

„Wir satteln nur um Mitternacht.
Weit ritt ich her von Böhmen.
Ich habe spät mich aufgemacht,[3]
Und will dich mit mir nehmen." —
„Ach, Wilhelm, erst herein geschwind!
Den Hagedorn durchsaust der Wind,
Herein, in meinen Armen,
Herzliebster[4] zu erwarmen!" —

„Laß sausen durch den Hagedorn,
Laß sausen, Kind, laß sausen!
Der Rappe scharrt, es klirrt der Sporn.
Ich darf allhier nicht hausen.

---

1, Pfortenring, portal-bell. 2, thu' auf, undo. 3, mich aufgemacht, mounted. 4, Herzliebster, dearest one (to my heart).

Komm', schürze,[1] spring' und schwinge dich
Auf meinen Rappen hinter mich!
Muß heut noch hundert Meilen ....
Mit dir in's Brautbett' eilen." —

„Ach! wolltest hundert Meilen noch
Mich heut in's Brautbett' tragen?
Und horch! es brummt die Glocke noch,
Die eilf schon angeschlagen." —
„Sieh hin, sieh her! der Mond scheint hell!
Wir und die Todten reiten schnell.
Ich bringe dich, zur Wette,[2]
Noch heut in's Hochzeitbette." —

„Sag' an, wo ist dein Kämmerlein?
Wo? Wie dein Hochzeitbettchen?" —
„Weit, weit von hier!.. Still, kühl und klein:..
Sechs Bretter und zwei Brettchen!" —
„Hat's Raum für mich?" — „Für dich und mich!
Komm, schürze, spring' und schwinge dich!
Die Hochzeitgäste hoffen;
Die Kammer steht uns offen." —

Schön Liebchen schürzte, sprang und schwang
Sich auf das Roß behende;
Wohl um den trauten Reiter schlang
Sie ihre Liljenhände;

1 schürze dich, robe thyself. 2, zur Wette, my word for it.

Und hurre hurre, hop hop hop!
Ging's fort in sausendem Galopp,
Daß Roß und Reiter schnoben,
Und Kies und Funken stoben.[1]

Zur rechten und zur linken Hand,
Vorbei vor ihren Blicken,
Wie flogen Anger, Haid' und Land!
Wie donnerten die Brücken! —
„Graut Liebchen auch? .. Der Mond scheint hell!
Hurrah! die Todten reiten schnell!
Graut Liebchen auch[2] vor Todten?" —
„Ach nein! .. Doch laß die Todten?" —

Was klang dort für Gesang und Klang?
Was[3] flatterten die Raben? ..
Horch Glockenklang! horch Todtensang
„Laßt uns den Leib begraben."
Und näher zog ein Leichenzug,
Der Sarg und Todtenbahre trug.
Das Lied war zu vergleichen
Dem Unkenruf[4] in Teichen.

„Nach Mitternacht begrabt den Leib,
Mit Klang und Sang und Klage!
Jetzt führ' ich heim mein junges Weib.
Mit, mit zum Brautgelage![5]

1, stoben, flew about. 2, graut Liebchen auch, doest dread, my love? 3, was, why. 4, Unkenruf, dismal croaking of the glistening toad; considered as a bad omen. 5, Brautgelage, bridal feast.

Komm', Küster, hier! Komm mit dem Chor,
Und gurgle mir das Brautlied vor![1]
Komm', Pfaff, und sprich den Segen,
Eh' wir zu Bett uns legen!" —

Still[2] Klang und Sang. . . Die Bahre schwand. . .
Gehorsam seinem Rufen,
Kam's hurre! hurre! nachgerannt,[3]
Hart hinter's Rappen Hufen.
Und immer weiter, hop hop hop!
Ging's fort in sausendem Galopp,
Daß Roß und Reiter schnoben,
Und Kies und Funken stoben.

Wie flogen rechts, wie flogen links,
Gebirge, Baum und Hecken!
Wie flogen links und rechts, und links
Die Dörfer, Städt' und Flecken! —[4]
„Graut Liebchen auch. . . Der Mond scheint hell!
Hurrah! die Todten reiten schnell.
Graut Liebchen auch vor Todten?" —
„Ach! Laß sie ruhn, die Todten." —

Sieh da! sieh da! Am Hochgericht[5]
Tanzt um des Rades Spindel,[6]

1, gurgle mir vor, croak for me. 2, Still, hushed (is). 3, Kam's nachgerannt, it (the train) headlong rushes. 4, Flecken, hamlet. 5, Hochgericht, gallows. 6, Rades Spindel, the wheel used by the executioner in breaking the limbs of the culprit.

Halb sichtbarlich [1] bei Mondenlicht,
Ein luftiges Gesindel. — [2]
„Sa, sa,[3] Gesindel, hier! Komm' hier!
Gesindel, komm' und folge mir!
Tanz' uns den Hochzeitreigen,[4]
Wann wir zu Bette steigen!" —

Und das Gesindel, husch husch husch! [5]
Kam hinten nachgeprasselt, [6]
Wie Wirbelwind am Haselbusch
Durch dürre Blätter rasselt.
Und weiter, weiter, hop hop hop!
Ging's fort in sausendem Galopp,
Daß Roß und Reiter schnoben,
Und Kies und Funken stoben.

Wie flog, was rund der Mond beschien,
Wie flog es in die Ferne!
Wie flogen oben über hin
Der Himmel und die Sterne! —
„Graut Liebchen auch?.. Der Mond scheint hell!
Hurrah! die Todten reiten schnell!
Graut Liebchen auch vor Todten?" —
„O weh! Laß ruhn die Todten!" —

---

1, halb sichtbarlich, (half visible) dimly. 2, luftiges Gesindel, airy crew, the souls of those who were executed there, and who find no rest in their graves; a popular superstition. 3, Sa, sa, so, ho! 4, Hochzeitreigen, wedding-dance. 5, husch, ho! 6, hintennach, behind them.

„Rapp'! Rapp'! Mich dünkt, der Hahn schon ruft.
Bald wird der Sand verrinnen..
Rapp'! Rapp'! Ich wittre Morgenluft.
Rapp'! Tummle dich von hinnen! —
Vollbracht, vollbracht ist unser Lauf!
Das Hochzeitbette thut sich auf!
Die Todten reiten schnelle!
Wir sind, wir sind zur Stelle." — — —

Rasch auf ein eisern Gitterthor
Ging's mit verhängtem Zügel.[1]
Mit schwanker Gert' ein Schlag davor
Zersprengte Schloß und Riegel.
Die Flügel[2] flogen klirrend auf,
Und über Gräber ging der Lauf.
Es blinkten Leichensteine
Rund um im Mondenscheine.

Ha sieh! ha sieh im Augenblick,
Huhu! ein gräßlich Wunder!
Des Reiters Koller, Stück für Stück,
Fiel ab, wie mürber Zunder.
Zum Schädel, ohne Zopf und Schopf,[3]
Zum nackten Schädel ward sein Kopf;
Sein Körper zum Gerippe,
Mit Stundenglas und Hippe.[4]

---

1, verhängtem Zügel, loosened rein. 2, Flügel, folding-door.
3, Zopf und Schopf, hair and flesh. 4, Hippe, scythe.

Hoch bäumte sich, wild schnob der Rapp',
Und sprühte Feuerfunken;
Und hui! war's unter ihr hinab
Verschwunden und versunken.
Geheul, Geheul aus hoher Luft,
Gewinsel kam aus tiefer Gruft.
Lenorens Herz mit Beben,
Rang zwischen Tod und Leben,

Nun tanzten wohl bei Mondenglanz,
Rund um herum im Kreise,
Die Geister einen Kettentanz, [1]
Und heulten diese Weise:
„Geduld! Geduld! Wenn's Herz auch bricht!
Mit Gott im Himmel hadre nicht!
Des Leibes bist du ledig;
Gott sei der Seele gnädig!"

---

## THE LAY OF THE GOOD BRAVE MAN.

**The Adige in Northern Italy caused fearful devastations in 1774 by sudden freshets; bridges and whole villages were swept away, and many men and beasts drowned.**

### Das Lied vom braven Mann.

Hoch klingt das Lied vom braven Mann,
Wie Orgelton und Glockenklang.
Wer hohen Muths sich freuen kann,

1. Kettentanz, ring-dance.

Den lohnt nicht Geld, den lohnt Gesang.
Gottlob! daß ich singen und preisen kann,
Zu singen und preisen den braven Mann.

Der Thauwind [1] kam vom Mittagsmeer, [2]
Und schnob durch Welschland,[3] trüb und feucht.
Die Wolken flogen vor ihm her,
Wie wenn der Wolf die Heerde scheucht.
Er fegte die Felder; zerbrach den Forst;
Auf Seen und Strömen das Grundeis [4] borst.

Am Hochgebirge schmolz der Schnee;
Der Sturz von tausend Wassern scholl!
Das Wiesenthal [5] begrub ein See;
Des Landes Heerstrom [6] wuchs und schwoll;
Hoch rollten die Wogen, entlang ihr Gleis, [7]
Und rollten gewaltige Felsen Eis.

Auf Pfeilern und auf Bogen schwer,
Aus Quaderstein [8] von unten auf,
Lag eine Brücke drüber her;
Und mitten stand ein Häuschen drauf.
Hier wohnte der Zöllner, mit Weib und Kind. —
„O Zöllner! o Zöllner! Entfleuch [9] geschwind!"

---

1, Thauwind, (thaw-) South-wind, Sirocco. 2, Mittagsmeer, Mediterranean Sea. 3, Welschland, Italy. 4, Grundeis, ground or solid ice. 5, Wiesenthal, meadows-dales. 6, Heerstrom, main stream. 7, Gleis, bed. 8, Quaderstein, free stone. 9, Entfleuch! (poet.) Imper. of entfliehen, for entflieh'.

Es dröhnt' und dröhnte dumpf heran;
Laut heulten Sturm und Wog' um's Haus.
Der Zöllner sprang zum Dach hinan,
Und blickt' in den Tumult hinaus. —
„Barmherziger Himmel erbarme dich!
Verloren! Verloren! Wer rettet mich?"

Die Schollen[1] rollten, Schuß auf Schuß,
Von beiden Ufern hier und dort,
Von beiden Ufern riß der Fluß
Die Pfeiler sammt den Bogen fort.
Der bebende Zöllner, mit Weib und Kind,
Er heulte noch lauter, als Sturm und Wind.

Die Schollen rollten, Stoß auf Stoß,
An beiden Enden hier und dort,
Zerborsten und zertrümmert, schoß
Ein Pfeiler nach dem andern fort.
Bald nahte der Mitte der Umsturz[2] sich. —
„Barmherziger Himmel! Erbarme dich!" —

Hoch auf dem fernen Ufer stand
Ein Schwarm von Gaffern, groß und klein,
Und Jeder schrie und rang die Hand,
Doch mochte Niemand Retter sein.
Der bebende Zöllner, mit Weib und Kind,
Durchheulte nach Rettung den Strom und Wind. —

---

1 Schollen, flakes. 2, Umsturz, destruction.

Wann klingst du, Lied vom braven Mann,
Wie Orgelton und Glockenklang?
Wohlan! So nenn' ihn, nenn' ihn dann!
Wann nennst du ihn, mein schönster Sang?
Bald nahet der Mitte der Umsturz sich.
O braver Mann! braver Mann! zeige dich!

Rasch galoppirt' ein Graf hervor,
Auf hohem Roß ein edler Graf.
Was hielt des Grafen Hand empor?
Ein Beutel war es, voll und straff. —
„Zweihundert Pistolen [1] sind zugesagt
Dem, welcher die Rettung des Armen wagt."

Wer ist der Brave? Ist's der Graf?
Sag' an, mein braver Sang, sag' an!
Der Graf, bei'm höchsten Gott! war brav!
Doch weiß ich einen bravern Mann. —
O braver Mann! braver Mann! Zeige dich!
Schon naht das Verderben sich fürchterlich. —

Und immer höher schwoll die Flut;
Und immer lauter schnob der Wind;
Und immer tiefer sank der Muth! —
O Retter! Retter! Komm geschwind!
Stets Pfeiler bei Pfeiler zerborst und brach.
Laut krachten und stürzten die Bogen nach.

---

1. Pistolen, ducats, gold-pieces about as much as a quarter-eagle.

Halloh! Halloh! frisch auf gewagt![1]
Hoch hielt der Graf den Preis empor.
Ein Jeder hört's, doch Jeder zagt,
Aus Tausenden tritt Keiner vor.
Vergebens durchheulte mit Weib und Kind,
Der Zöllner nach Rettung den Strom und Wind.

Sieh, schlecht und recht[2] ein Bauersmann
Am Wanderstabe schritt daher,
Mit grobem Kittel angethan,
An Wuchs und Antlitz hoch und hehr.
Er hörte den Grafen; vernahm sein Wort,
Und schaute das nahe Verderben dort.

Und kühn in Gottes Namen, sprang
Er in den nächsten Fischerkahn;
Trotz Wirbel, Sturm, und Wogendrang,[3]
Kam der Erretter glücklich an.
Doch wehe! der Nachen war allzu klein,
Der Retter von Allen zugleich zu sein.

Und dreimal zwang er seinen Kahn,
Trotz Wirbel, Sturm und Wogendrang;
Und dreimal kam er glücklich an,
Bis ihm die Rettung ganz gelang.
Kaum kamen die letzten in sichern Port,
So rollte das letzte Getrümmer[4] fort. —

---

1, frisch auf gewagt, on then, courage! 2, schlecht und recht, plain and upright. 3, Wogendrang, waves-throng. 4, Getrümmer, stone of the ruins.

Wer ist, wer ist der brave Mann?
Sag' an, sag' an, mein braver Sang!
Der Bauer wagt' ein Leben dran;
Doch that er's wohl um Goldesklang?[1]
Denn spendete nimmer der Graf sein Gut,
So wagte der Bauer vielleicht kein Blut.

„Hier," rief der Graf, „mein wackrer Freund!
Hier ist dein Preis! Komm her! nimm hin!" —
Sag' an, war das nicht brav gemeint! —
Bei Gott! der Graf trug hohen Sinn. —
Doch höher und himmlischer, wahrlich! schlug
Das Herz, das der Bauer im Kittel trug.

„Mein Leben ist für Gold nicht feil.
Arm bin ich zwar, doch ess' ich satt.[2]
Dem Zöllner werd' eu'r Gold zu Theil,
Der Hab' und Gut verloren hat!"
So rief er mit herzlichem Biederton,[3]
Und wandte den Rücken und ging davon. —

Hoch klingst du, Lied vom braven Mann,
Wie Orgelton und Glockenklang!
Wer solches Muths sich rühmen kann,
Den lohnt kein Gold, den lohnt Gesang.
Gottlob! daß ich singen und beten kann,
Unsterblich zu preisen den braven Mann.

---

1, Goldesklang, (chink of) gold. 2, ess' ich satt, I (have) sufficiently (to) eat. 3, Biederton, upright sound.

## Der Kaiser und der Abt.

Ich will euch erzählen ein Märchen, gar schnurrig:[1]
Es war 'mal ein Kaiser; der Kaiser war kurrig.[2]
Auch war 'mal ein Abt, ein gar stattlicher Herr;
Nur Schade! sein Schäfer war klüger, als er.

Dem Kaiser ward's sauer[3] in Hitz' und in Kälte:
Oft schlief er bepanzert im Kriegesgezelte;
Oft hatt' er kaum Wasser zu Schwarzbrod und Wurst;
Und öfter noch litt er gar Hunger und Durst.

Das Pfäfflein, das wußte sich besser zu hegen,
Und weidlich am Tisch und im Bette zu pflegen
Wie Vollmond glänzte sein feistes Gesicht.
Drei Männer umspannten den Schmerbauch[4] ihm nicht.

Drob suchte der Kaiser am Pfäfflein oft Hader.
Einst ritt er, mit reisigem Kriegesgeschwader,[5]
In brennender Hitze des Sommers vorbei.
Das Pfäfflein spazierte vor seiner Abtei.

„Ha," dachte der Kaiser, „zur glücklichen Stunde!"
Und grüßte das Pfäfflein mit höhnischem Munde;
„Knecht Gottes, wie geht's dir? Mir däucht[6] wohl ganz recht,
Das Beten und Fasten bekommen nicht schlecht.[7]

---

1, schnurrig, facetious. 2, kurrig, droll. 3, ward's sauer, toiled. 4, Schmerbauch, paunch. 5, reisigem Kriegsgeschwader, troop of mounted men. 6, mir däucht, it seems to me. 7, bekommen nicht schlecht, agrees not badly (with you).

Doch deucht mir daneben, euch plage viel Weile.
Ihr dankt mir's wohl, wenn ich euch Arbeit ertheile.
Man rühmet, Ihr wäret der pfiffigste Mann,
Ihr hörtet das Gräschen fast wachsen, sagt man.

So geb' ich denn euern zwei tüchtigen Backen
Zur Kurzweil drei artige Nüsse zu knacken.
Drei Monden von nun an bestimm' ich zur Zeit.
Dann will ich auf diese drei Fragen Bescheid.

Zum ersten: Wann hoch ich, im fürstlichen Rathe,
Zu Throne mich zeige im Kaiser-Ornate,
Dann sollt Ihr mir sagen, ein treuer Wardein,[1]
Wie viel ich wohl werth bis zum Heller mag seyn?

Zum zweiten sollt Ihr mir berechnen und sagen:
Wie bald ich zu Rosse die Welt mag umjagen?
Um keine Minute zu wenig und viel!
Ich weiß, der Bescheid darauf ist euch nur Spiel.

Zum dritten noch sollst du, o Preis der Prälaten,[2]
Auf's[3] Härchen mir meine Gedanken errathen.
Die will ich dann treulich bekennen; allein
Es soll auch kein Titelchen Wahres dran seyn.

Und könnt Ihr mir diese drei Fragen nicht lösen,
So seid Ihr die längste Zeit[4] Abt hier gewesen;
So lass' ich euch führen zu Esel[5] durch's Land,
Verkehrt, statt des Zaumes den Schwanz in der Hand." —

---

1, Wardein, mint-warden. 2, Preis der Prälaten, jewel among the prelates. 3, auf's, to a. 4, die längste Zeit the longest. 5, zu Esel, on the back of an ass.

Drauf trabte der Kaiser mit Lachen von hinnen.
Das Pfäfflein zerriß und zerspliß[1] sich mit Sinnen.
Kein armer Verbrecher fühlt mehr Schwulität,[2]
Der vor hochnothpeinlichem Halsgericht[3] steht.

Er schickte nach ein, zwei, drei, vier, Un'vers'täten,
Er fragte bei ein, zwei, drei, vier Facultäten,[4]
Er zahlte Gebühren und Sporteln vollauf;
Doch löste kein Doctor die Fragen ihm auf.

Schnell wuchsen, bei herzlichem Zagen und Pochen,
Die Stunden zu Tagen, die Tage zu Wochen,
Die Wochen zu Monden, schon kam der Termin!
Ihm ward's vor den Augen bald gelb und bald grün.

Nun sucht' er, ein bleicher hohlwangiger Werther,[5]
In Wäldern und Feldern die einsamsten Oerter.
Da traf ihn, auf selten betretener Bahn,
Hans Bendix, sein Schäfer, am Felsenhang an.

„Herr Abt," sprach Hans Bendix, „was mögt Ihr euch grämen?
Ihr schwindet ja wahrlich dahin, wie ein Schemen.
Maria und Joseph! wie hotzelt[6] Ihr ein!
Mein Sixchen! es muß euch was angethan seyn." —[7]

---

1, zerspliß, broke to splinders. 2, Schwulität, (vulg.) agony. 3, hoch...... Hals...., penal tribunal. 4, the second line is merely a repetition of the first. 5, hohlwangiger Werther, hollow-cheeked Werther, refers to Göthe's Werther that had been published a few years before. 6, hotzeln, (vulg.) shrivel 7, Mein......seyn, in truth, you must be bewitched.

„Ach, guter Hans Bendix, so muß sich's wohl schicken.[1]
Der Kaiser will gern mir am Zeuge was flicken,[2]
Und hat mir drei Nüss' auf die Zähne gepackt,
Die schwerlich Beelzebub selber wohl knackt.

Zum ersten: Wann hoch er, im fürstlichen Rathe,
Zu Throne sich zeiget im Kaiser-Ornate,
Dann soll ich ihm sagen, ein treuer Wardein,
Wie viel er wohl werth bis zum Heller mag seyn?

Zum zweiten soll ich ihm berechnen und sagen:
Wie bald er zu Rosse die Welt mag umjagen?
Und keine Minute zu wenig und viel!
Er meint, der Bescheid darauf wäre nur Spiel.

Zum dritten, ich ärmster von allen Prälaten,
Soll ich ihm gar seine Gedanken errathen;
Die will er mir treulich bekennen; allein
Es soll auch kein Titelchen Wahres dran seyn.

Und kann ich ihm diese drei Fragen nicht lösen,
So bin ich die längste Zeit Abt hier gewesen;
So läßt er mich führen zu Esel durch's Land,
Verkehrt, statt des Zaumes den Schwanz in der Hand." —

„Nichts weiter?" erwiedert Hans Bendix mit Lachen,
„Herr, gebt euch zufrieden![3] das will ich schon machen.
Nur borgt mir eur Käppchen, eur Kreuzchen und Kleid;
So will ich schon geben den rechten Bescheid.

1, so....schicken, it must be so. 2, mir......flicken, play me a trick. 3, gebt Euch zufrieden, make yourself easy.

Versteh' ich gleich nichts von Lateinischen Brocken,[1]
So weiß ich den Hund doch vom Ofen zu locken.[2]
Was ihr euch, Gelehrte, für Geld nicht erwerbt,
Das hab' ich von meiner Frau Mutter geerbt."

Da sprang, wie ein Böcklein, der Abt vor Behagen.
Mit Käppchen und Kreuzchen, mit Mantel und Kragen,
Ward stattlich Hans Bendix zum Abte geschmückt,
Und hurtig zum Kaiser nach Hofe geschickt.

Hier thronte der Kaiser im fürstlichen Rathe,
Hoch prangt' er, mit Zepter und Kron', im Ornate:
„Nun sagt mir, Herr Abt, als ein treuer Wardein,
Wie viel ich itzt [3] werth bis zum Heller mag seyn?" —

„Für dreißig Reichsgulden [4] ward Christus verschachert; [5]
Drum gäb' ich, so sehr Ihr auch pochet und prachert, [6]
Für Euch keinen Deut mehr, als zwanzig und neun,
Denn Einen müßt Ihr doch wohl minder werth seyn." —

„Hum!" sagte der Kaiser, „der Grund läßt sich hören,[7]
Und mag den durchlauchtigen [8] Stolz wohl bekehren.
Nie hätt' ich, bei meiner hochfürstlichen Ehr'!
Geglaubet, daß so spottwohlfeil [9] ich wär'.

---

1, lateinischen Brocken, dog-Latin. 2, so......locken, I know how to get the dog out, and the cat in. 3, itzt, (obs.) for jetzt. 4, Reichsgulden, florins. 5, verschachert, sold, (used only in the way of utmost contempt). 6, Ihr....prachert, as you may bragg and prink. 7, läßt sich hören, is plausible. 8, durchlauchtigen, high and mighty. 9, spottwohlfeil, dog-cheap.

Nun aber sollst du mir berechnen und sagen:
Wie bald ich zu Rosse die Welt mag umjagen?
Um keine Minute zu wenig und viel!
Ist dir der Bescheid darauf auch nur ein Spiel?" —

„Herr wenn mit der Sonn' Ihr früh sattelt und reitet,
Und stets sie in einerlei Tempo begleitet,
So setz' ich mein Kreuz und mein Käppchen daran, [1]
In zweimal zwölf Stunden ist Alles gethan." —

„Ha", lachte der Kaiser, „vortrefflicher Haber! [2]
Ihr füttert die Pferde mit Wenn und mit Aber.
Der Mann der das Wenn und das Aber erdacht
Hat sicher aus Häckerling Gold schon gemacht.

Nun aber zum dritten, nun nimm dich zusammen!
Sonst muß ich dich dennoch zum Esel verdammen.
Was denk' ich, das falsch ist? Das bringe heraus!
Nur bleib' mir mit Wenn und mit Aber zu Haus!" —

„Ihr denket, ich sei der Herr Abt von St. Gallen." —
„Ganz recht! Und das kann von der Wahrheit nicht fallen." —
„Sein Diener, Herr Kaiser! Euch trüget eur Sinn:
Denn wißt, daß ich Bendix, sein Schäfer, nur bin!" —

„Was Henker! Du bist nicht der Abt von St. Gallen?"
Rief hurtig, als wär' er vom Himmel gefallen,
Der Kaiser mit frohem Erstaunen darein;
„Wohlan denn, so sollst du von nun an es sein!

1. setz' ich daran, I bet you. 2. Haber (prov.) for Hafer.

Ich will dich belehnen mit Ring und mit Stabe.
Dein Vorfahr [1] besteige den Esel und trabe!
Und lerne fortan erst quid Juris verstehn!
Denn wenn man will ernten, so muß man auch sän." — [2]

„Mit Gunsten,[3] Herr Kaiser! Das laßt nur hübsch bleiben! [4]
Ich kann ja nicht lesen, noch rechnen und schreiben;
Auch weiß ich kein sterbendes Wörtchen Latein.
Was Hänschen versäumt, holt Hans nicht mehr ein." [5] —

„Ach, guter Hans Bendix, das ist ja recht Schade!
Erbitte demnach dir ein' andere Gnade!
Sehr hat mich ergetzet dein lustiger Schwank;
Drum soll dich auch wieder ergetzen mein Dank." —

„Herr Kaiser, groß [6] hab' ich so eben nichts nöthig;
Doch seid ihr im Ernst mir zu Gnaden erbötig,
So will ich mir bitten, zum ehrlichen Lohn,
Für meinen hochwürdigen Herren Pardon." —

„Ha bravo! Du trägst, wie ich merke, Geselle,
Das Herz, wie den Kopf, auf der richtigsten Stelle.
Drum sey der Pardon ihm in Gnaden gewährt,
Und obenein dir ein Panis-Brief [7] bescheert:

---

1, Vorfahr, predecessor. 2, sän for säen. 3, mit Gunsten, with your leave. 4, das......bleiben, you will surely not do so. 5, Was......ein, what Jacky lets go, old Jack cannot pick up. 6, groß, much. 7, Panisbrief, living.

„Wir lassen dem Abt von St. Gallen entbieten:
Hans Bendix soll ihm nicht die Schaafe mehr hüten.
Der Abt soll sein pflegen, nach unserm Gebot,
Umsonst,[1] bis an seinen sanftseligen Tod.“[2]

## An Molly.

O Molly, welcher Talisman
Hilft alle Herzen Dir gewinnen?
Zwar kennen ihn die Huldgöttinnen,
Allein sie geben ihn nicht an.[3]

Käm' uns Homer zurück in's Leben,
Und fühlte diesen Drang und Zug,[4]
Er würd' ihn Schuld dem Gürtel geben,
Den Venus um den Busen trug.

Weißt du, was er davon gesungen?
Darein war alle Zauberei
Der Liebe, Lächeln, Schmeichelei
Und sanfter Taubensinn[5] verschlungen;

War Witz verwebt, von Güt' erzeugt,
Und, ach! das süße Huldgekose,[6]
Das, gleich dem milden Oel der Rose,
Sogar des Weisen Herz beschleicht.

1, umsonst, **gratis.** 2, sanftseligen Tod, **gentle and blessed death.**
3, geben an, **impart.** 4, Drang und Zug, **passion and affection.**
5, Taubensinn, **mind of a dove.** 6, Huldgekose, **love-caresses.**

Nicht Jugendreiz, der bald verblühet,
Es ist die ewige Magie
Des Gürtels, den die Venus lieh,
Der so die Herzen an sich ziehet!

Und noch im Herbste werden die
Für dich, wie jetzt im Lenze, lodern,
Und sehnend Lieb' um Liebe fodern;
Denn Huldgöttinnen altern nie.

---

## Molly's Werth.

Ach, könnt' ich Molly kaufen
Für Gold und Edelstein,
Mir sollten große Haufen
Für sie wie Kiesel sein.
Man rühmt wohl viel vom Golde,
Was ich nicht läugnen kann,
Doch ohne sie, die Holde,
Wie hätt' ich Lust daran?

Ja, wenn ich Allgebieter[1]
Von ganz Europa wär',
Ich gäb' Europens Güter
Für sie mit Freuden her;
Bedingte nur dies Eine
Für sie und mich noch aus:
Im kleinsten Fruchtbaum-Haine
Das kleinste Gärtnerhaus.

1, Allgebieter, Lord.

Mein liebes Leben enden
Darf nur der Herr der Welt.
Doch dürft' ich es verspenden
So wie mein Gut und Geld,
So gäb' ich gern, ich schwöre,
Für jeden Tag ein Jahr,
Da sie mein eigen wäre,
Mein eigen ganz und gar.

---

## Ueberall Molly und Liebe.

### Sonett.

In die Nacht der Tannen oder Eichen,
In der stummen Heimlichkeit Gebiet,
Das der Lebensfrohe schaudernd flieht,
Such' ich oft der Ruhe nachzuschleichen.

Könnt' ich nur aus aller Wesen Reichen,
Wo der Sinn noch etwas hört und sieht,
Das den Müden an die Arbeit zieht,
Bis hinein in's leere Nichts entweichen!

Denn so allgeheim ist kein Revier,
Keine Kluft ist irgendwo so öde,
Daß nicht Liebe mich auch da befehde;

Daß die Allverfolgerin [1] mit mir
Nicht von Molly und von Molly rede,
Oder, wann sie schweiget — ich mit ihr.

## Täuschung.

### Sonett.

Um von ihr das Herz nur zu entwöhnen,
Der es sich zu stetem Grame weiht,
Forschet durch die ganze Wirklichkeit,
Ach, umsonst! mein Sinn nach allen Schönen.

Dann erschafft, bewegt durch langes Sehnen,
Phantasie aus Stoff, den Herzchen leiht,
Ihm ein Bild voll Himmelslieblichkeit. [2]
Diesem will es nun statt Molly fröhnen.

Brünstig wird das neue Bild geküßt;
Alle Huld wird froh ihm zugetheilet;
Herzchen glaubt von Molly sich geheilet.

O des Wahns von allzu kurzer Frist!
Denn es zeigt sich, wenn Betrachtung weilet,
Daß das Bild leibhaftig — Molly ist.

---

1. Allverfolgerin, **All-persecutress.** 2. Himmelslieblichkeit, **heaven's loveliness.**

# Ludwig Uhland,

born at Tübingen, in 1787, is the greatest of modern lyric writers. He received his education in his native town, studied law as a profession, and in 1810, was made Doctor of Laws by the University in Tübingen. In the spring of the same year he visited Paris, where he devoted himself to the study of the literature of the middle ages, the imperial library containing many treasures from that period. As early as 1804, he had entered upon his poetical career as contributor to several periodicals, as the MUSENALMANACH etc. After his return from Paris, he was employed for some time in the Department of the Minister of Justice. The first collection of his "Gedichte" appeared in print, in 1815; the second edition was enlarged by patriotic songs. His political career begins with the year 1819, when he was elected delegate to the Legislature of his state, the Kingdom of Wuertemberg. In 1830, we see him Professor of the German Language and Literature at the University of Tübingen, the Chair of which he resigned three years later to attend to his political duties, having been returned by an overwhelming popular vote to the legislature. Since 1839, he retired to private life, devoting himself once more to literary pursuits. When in 1848, the German Parliament assembled in Frankfort, he was of course the choice of his district, and though the heroic labors of this distinguished body were soon to end, Uhland fully answered the expectation of his constituents. Grieved at the downfall of his patriotic hopes, but not discouraged, he returned to Tübingen, and lived there, esteemed and beloved till the fall of the year 1862, when he died at the age of 75. He has also written some plays: "Earnest, Duke of Swabia", "Louis the Bavarian", "Dramatic Poems", "Walther von der Vogelweide", "The Mythus of Thor" and "The Ancient Volkslieder".

## Des Sängers Fluch.

Es stand in alten Zeiten ein Schloß so hoch und hehr:[1]
Weit glänzt' es über die Lande bis an das blaue Meer;
Und rings von duft'gen Gärten ein blüthenreicher[2] Kranz:
Drin sprangen frische Brunnen in Regenbogenglanz.[3]

Dort saß ein stolzer König, an Land und Siegen reich;
Er saß auf seinem Throne so finster und so bleich:
Denn was er sinnt,[4] ist Schrecken, und was er blickt,[5] ist Wuth,
Und was er spricht, ist Geißel, und was er schreibt, ist Blut

Einst zog[6] nach diesem Schlosse ein edles Sängerpaar,
Der Ein' in goldnen Locken, der Andre grau von Haar:
Der Alte mit der Harfe, der saß auf schmuckem Roß;
Es schritt ihm frisch zur Seite der blühende Genoß.

Der Alte sprach zum Jungen: „Nun sei bereit, mein Sohn!
Denk' unsrer tiefsten Lieder, stimm' an[7] den vollsten Ton!
Nimm alle Kraft zusammen, die Lust und auch den Schmerz!
Es gilt uns[8] heut zu rühren des Königs steinern Herz."

Schon stehn die beiden Sänger im hohen Säulensaal[9]
Und auf dem Throne sitzen der König und sein Gemahl:[10]
Der König furchtbar prächtig,[11] wie blut'ger Nordlichtschein,[12]
Die Königin süß und milde, als blickte Vollmond drein.[13]

---

1, hehr, grand. 2, blüthenreicher, rich in blossoms. 3, Regenbogenglanz, the splendor of the rainbow. 4, sinnt, broods. 5, was er blickt, the light of his eyes. 6, zog, went. 7, stimme an, (sound out), strike up. 8, es gilt uns, it is our task. 9, Säulensaal, pillared hall. 10, sein Gemahl for seine Gemahlin. 11, furchtbar prächtig, in awful pomp. 12, Nordlichtschein, the gleam of Northern light. 13, blickte drein, peeped in

Da schlug der Greis die Saiten: er schlug sie wundervoll,
Daß reicher, immer reicher der Klang zum Ohre schwoll;
Dann strömte himmlisch helle des Jünglings Stimme vor,
Des Alten Sang dazwischen wie dumpfer Geisterchor.[1]

Sie singen von Lenz[2] und Liebe, von sel'ger goldner Zeit,
Von Freiheit, Männerwürde,[3] von Treu' und Heiligkeit:
Sie singen von allem Süßen, was Menschenbrust durchbebt,[4]
Sie singen von allem Hohen, was Menschenherz erhebt.[5]

Die Höflingsschaar[6] im Kreise verlernet jeden Spott;
Des Königs trotz'ge Krieger, sie beugen sich vor Gott;
Die Königin, zerflossen in Wehmuth und in Lust,
Sie wirft den Sängern nieder die Rose von ihrer Brust.

„Ihr habt mein Volk verführet: verlockt ihr nun mein Weib?"
Der König schreit es wüthend, er bebt am ganzen Leib;
Er wirft sein Schwert, das blitzend des Jünglings Brust durchdringt,
Draus, statt der goldnen Lieder, ein Blutstrahl[7] hoch aufspringt.

Und wie vom Sturm zerstoben ist all der Hörer Schwarm.
Der Jüngling hat verröchelt[8] in seines Meisters Arm:
Der schlägt[9] um ihn den Mantel und setzt ihn auf das Roß;
Er bind't ihn aufrecht feste, verläßt mit ihm das Schloß.

---

1, Geisterchor, spirit-chorus. 2, Lenz, (poet.) spring. 3, Männerwürde, dignity of man. 4, durchbebt, thrills. 5, erhebt, exalts. 6, Höflingsschaar, crowd of courtiers. 7, Blutstrahl, stream of blood. 8, verröchelt, breathed his last. 9, schlägt, wraps.

Doch vor dem hohen Thore, da hält der Sängergreis,[1]
Da faßt er seine Harfe, sie aller Harfen Preis:[2]
An einer Marmorsäule[3] da hat er sie zerschellt;
Dann ruft er, daß es schaurig durch Schloß und Gärten gellt:

„Weh euch, ihr stolzen Hallen! Nie töne süßer Klang
Durch eure Räume wieder, nie Saite noch Gesang,
Nein! Seufzer nur und Stöhnen und scheuer Sklavenschritt,[4]
Bis euch zu Schutt und Moder[5] der Rachegeist[6] zertritt!

„Weh euch, ihr duft'gen Gärten im holden Maienlicht![7]
Euch zeig' ich dieses Todten entstelltes[8] Angesicht,
Daß ihr darob verdorret, daß jeder Quell versiegt,
Daß ihr in künft'gen Tagen versteint,[9] verödet liegt.

„Weh dir, verruchter Mörder, du Fluch des Sängerthums![10]
Umsonst sei all dein Ringen nach Kränzen blut'gen Ruhms:
Dein Name sei vergessen, in ew'ge Nacht getaucht,[11]
Sei, wie ein letztes Röcheln, in leere Luft verhaucht!"[12]

Der Alte hat's gerufen, der Himmel hat's gehört:
Die Mauern liegen nieder, die Hallen sind zerstört;
Noch eine hohe Säule zeugt von verschwundner Pracht:
Auch diese, schon geborsten,[13] kann stürzen über Nacht.

---

1, Sängergreis, hoary bard. 2, Preis, the most precious. 3, Marmorsäule, marble pillar. 4, scheuer Sklavenschritt, the shy step of slaves. 5, Moder, mould. 6, Rachegeist, the Spirit of Vengeance (Nemesis). 7, Maienlicht, May-day light. 8, entstelltes, distorted. 9, versteint, covered with stones. 10, Sängerthum, minstrelsy. 11, getaucht, veiled. 12, verhaucht, exhaled. 13, geborsten, rent.

Und rings, statt duft'ger Gärten, ein ödes Haideland:[1]
Kein Baum verstreuet[2] Schatten, kein Quell durchdringt
den Sand;
Des Königs Namen meldet kein Lied, kein Heldenbuch:[3]
Versunken und vergessen! Das ist des Sängers Fluch.

---

## Die verlorene Kirche.

Man höret oft im fernen Wald
Von obenher[4] ein dumpfes Läuten,
Doch Niemand weiß, von wann[5] es hallt,
Und kaum die Sage kann es deuten:
Von der verlornen Kirche soll
Der Klang ertönen mit den Winden;
Einst war der Pfad von Wallern[6] voll,
Nun weiß ihn keiner mehr zu finden.

Jüngst ging ich in dem Walde weit,
Wo kein betretner Steig[7] sich dehnet:
Aus der Verderbniß dieser Zeit
Hatt' ich zu Gott mich hingesehnet.[8]
Wo in der Wildniß Alles schwieg,
Vernahm ich das Geläute wieder;
Je höher meine Sehnsucht stieg,
Je näher, voller klang es nieder.

---

1, Haideland, heath. 2, verstreuet, spreads. 3, Heldenbuch book of heroes. 4, obenher, above. 5, von wann, whence 6, Wallern, pilgrims. 7, betretner Steig, trodden pathway 8, hingesehnet, yearned for.

Mein Geist war so in sich [1] gekehrt,
Mein Sinn vom Klange hingenommen, [2]
Daß mir es immer unerklärt,
Wie ich so hoch hinauf gekommen.
Mir schien es mehr denn [3] hundert Jahr'
Daß ich so hingeträumet [4] hätte:
Als über Nebeln, sonnenklar, [5]
Sich öffnet' eine freie Stätte.

Der Himmel war so dunkelblau,
Die Sonne war so voll und glühend,
Und eines Münsters stolzer Bau
Stand in dem goldnen Lichte blühend; [6]
Mir dünkten [7] helle Wolken ihn,
Gleich Fittigen, [8] emporzuheben,
Und seines Thurmes Spitze schien
Im sel'gen Himmel zu verschweben. [9]

Der Glocke wonnevoller [10] Klang
Ertönte schütternd in dem Thurme;
Doch zog nicht Menschenhand den Strang:
Sie ward bewegt von heil'gem Sturme.
Mir war's, [11] derselbe Sturm und Strom
Hätt' an mein klopfend Herz geschlagen:
So trat ich in den hohen Dom
Mit schwankem Schritt und freud'gem Zagen. [12]

1, in sich, inward. 2, vom Klange hingenommen, charmed by the sound. 3, denn, than. 4, hingeträumet, passed in dreaming. 5, sonnenklar, clear as sun-light. 6, blühend, flushing. 7, mir dünkten, methought. 8, Fittigen, pinions. 9, verschweben, dissolve. 10, wonnevoller, gleeful. 11, mir war's, it was (to me) as if. 12, freud'gem Zagen, trembling joy.

Wie mir in jenen Hallen war,
Das kann ich nicht mit Worten schildern.
Die Fenster glühten dunkelklar [1]
Mit aller Märt'rer [2] frommen Bildern;
Dann sah ich, wundersam erhellt,
Das Bild [3] zum Leben sich erweitern:
Ich sah hinaus in eine Welt
Von heil'gen Frauen, [4] Gottesstreitern.

Ich kniete nieder am Altar,
Von Lieb' und Andacht ganz durchstrahlet
Hoch oben an der Decke war
Des Himmels Glorie gemalet;
Doch als ich wieder sah empor,
Da war gesprengt der Kuppel Bogen;
Geöffnet war des Himmels Thor
Und jede Hülle weggezogen.

Was ich für Herrlichkeit geschaut
Mit still anbetendem Erstaunen,
Was ich gehört für sel'gen Laut,
Als Orgel mehr und als Posaunen:
Das steht nicht in der Worte Macht:

---

1, glühten dunkelklar, clear and dark gleamed. 2, Märt'rer for Märtyrer. 3, das Bild erweitern, the scene growing into life. 4, heil'gen Frauen, sainted women. 5, Gottesstreitern, fighters for God. 6, durchstrahlet (beamed through) thrilled.

Doch wer darnach sich treulich sehnet,
Der nehme des Geläutes Acht,[1]
Das in dem Walde dumpf ertönet!

---

### Der Wirthin Töchterlein.

Es zogen drei Bursche[2] wohl über den Rhein,
Bei einer Frau Wirthin, da kehrten sie ein:[3]

„Frau Wirthin! hat Sie auch gut Bier und Wein?
Wo hat Sie Ihr schönes Töchterlein?"

„Mein Bier und Wein ist frisch und klar.
Mein Töchterlein liegt auf der Todtenbahr."[4]

Und als sie traten zur Kammer hinein,
Da lag sie in einem schwarzen Schrein.[5]

Der erste, der schlug den Schleier zurück
Und schaute sie an mit traurigem Blick:

„Ach! lebtest du noch, du schöne Maid!
Ich würde dich lieben von dieser Zeit."

Der zweite der deckte den Schleier zu
Und kehrte sich ab und weinte dazu:

„Ach! daß du liegst auf der Todtenbahr!
Ich hab' dich geliebet so manches Jahr."

---

1, nehme des Geläutes Acht, **take heed of the pealing.** 2, Bursche, **students.** 3, kehrten sie ein, **they put up.** 4, Todtenbahr, **bier.** 5, Schrein, **shrine.**

Der dritte hub[1] ihn wieder sogleich
Und küßte sie an den Mund so bleich:

„Dich liebte ich immer, dich lieb' ich noch heut
Und werde dich lieben in Ewigkeit."

---

## Das Glück von Edenhall.

Von Edenhall der junge Lord
Läßt schmettern Festtrommetenschall;[2]
Er hebt sich an des Tisches Bord
Und ruft in trunkner Gäste Schwall:
„Nun her mit dem Glücke von Edenhall!"

Der Schenk[3] vernimmt ungern den Spruch,
Des Hauses ältester Vasall,[4]
Nimmt zögernd aus dem seidnen Tuch
Das hohe Trinkglas[5] von Krystall;
Sie nennens: das Glück von Edenhall.

Darauf der Lord; „dem Glas zum Preis
Schenk' rothen[6] ein aus Portugall!"
Mit Händezittern[7] gießt der Greis:
Und purpurn Licht wird überall;
Es strahlt aus dem Glücke von Edenhall.

---

1, hub, uplifted. 2, läßt schmettern Festtrommetenschall, has sounded the call of festal trumpets. 3, Schenk, butler. 4, Vasall, servant. 5, Trinkglas, drinking glass. 6, rothen, Wein is understood. 7, Händezittern, trembling hands.

Da spricht der Lord und schwingt's dabei:
„Dies Glas von leuchtendem Krystall
Gab meinem Ahn am Quell die Fei; [1]
Drein schrieb sie: „kommt dies Glas zu Fall, [2]
Fahr wohl dann, o Glück von Edenhall!"

„Ein Kelchglas ward zum Loos mit Fug [3]
Dem freud'gen Stamm von Edenhall:
Wir schlürfen gern in vollem Zug,
Wir läuten gern mit lautem Schall.
Stoßt an [4] mit dem Glücke von Edenhall!"

Erst klingt es milde, tief und voll,
Gleich dem Gesang der Nachtigall,
Dann wie des Waldstroms laut Geroll;
Zuletzt erdröhnt wie Donnerhall [5]
Das herrliche Glück von Edenhall."

„Zum Horte [6] nimmt ein kühn Geschlecht
Sich den zerbrechlichen Krystall;
Es dauert länger schon, als recht:
Stoßt an! Mit diesem kräft'gen Prall, [7]
Versuch' ich das Glück von Edenhall."

Und als das Trinkglas gellend springt,
Springt das Gewölb' mit jähem Knall

1, Fei, fairy. 2, kommt......Fall, if ever this glass comes to fall. 3, Ein....Fug, a cup fell to the lot with good right. 4, Stoßt an, touch the glasses. 5, Donnerhall, the rumbling of thunder. 6, Horte, shield. 7, Prall, stroke.

Und aus dem Riß die Flamme dringt;
Die Gäste sind zerstoben all
Mit dem brechenden Glücke von Edenhall;

Ein stürmt der Feind mit Brand und Mord,
Der in der Nacht erstieg den Wall;
Vom Schwerte[1] fällt der junge Lord,
Hält in der Hand noch den Krystall,
Das zersprungene Glück von Edenhall.

Am Morgen irrt der Schenk allein,
Der Greis, in der zerstörten Hall':
Er sucht des Herrn verbrannt Gebein,
Er sucht im grausen Trümmerfall[2]
Die Scherben des Glücks von Edenhall.

„Die Steinwand", spricht er, „springt zu Stück,
Die hohe Säule muß zu Fall;[3]
Glas ist der Erde Stolz und Glück:
In Splitter fällt der Erdenball[4]
Einst, gleich dem Glücke von Edenhall."

---

## Auf der Ueberfahrt.

Ueber diesen Strom, vor Jahren,
Bin ich einmal schon gefahren.
Hier die Burg im Abendschimmer,
Drüben rauscht das Wehr,[5] wie immer.

---

1, vom Schwerte, by the sword. 2, Trümmerfall, heap of ruins. 3, zum Fall, comes to fall. 4, Erdenball, (earthly ball) globe. 5, Wehr, dam (the water which falls over the dam).

Und von diesem Kahn umschlossen[1]
Waren mit mir zween[2] Genossen:
Ach! ein Freund, ein vatergleicher,[3]
Und ein junger, hoffnungsreicher.[4]

Jener wirkte still hienieden,
Und so ist er auch geschieden,
Dieser, brausend vor uns allen,
Ist in Kampf und Sturm gefallen.

So, wenn ich vergangner Tage,
Glücklicher, zu denken wage,
Muß ich stets Genossen missen,
Theure die der Tod entrissen.

Doch was alle Freundschaft bindet,
Ist, wenn Geist zu Geist sich findet,
Geistig waren jene Stunden,
Geistern bin ich noch verbunden. —

Nimm nur, Fährmann, nimm die Miethe,
Die ich gerne dreifach biete!
Zween, die mit mir überfuhren,
Waren geistige Naturen.

---

1, umschlossen, encircled. 2, zween (obs.) for zwei. 3, vatergleicher, fatherlike. 4, hoffnungsreicher, full of hope.

## Der blinde König.

Was steht der nord'schen Fechter Schaar
Hoch auf des Meeres Bord?
Was will in seinem grauen Haar
Der blinde König dort?
Er ruft, in bitterm Harme
Auf seinen Stab gelehnt,
Daß überm Meeresarme [1]
Das Eiland wiedertönt:

„Gieb, Räuber aus dem Felsverließ [2]
Die Tochter mir zurück!
Ihr Harfenspiel, ihr Lied, so süß,
War meines Alters Glück.
Vom Tanz auf grünem Strande
Hast du sie weggeraubt,
Dir ist es ewig Schande,
Mir beugt's das graue Haupt."

Da tritt aus seiner Kluft hervor
Der Räuber, groß und wild,
Er schwingt sein Hünenschwert [3] empor
Und schlägt an seinen Schild:
„Du hast ja viele Wächter,
Warum denn litten's die? [4]
Dir dient so mancher Fechter,
Und keiner kämpft um Sie?"

1, Meeresarme, narrow channel. 2, Felsverließ, dungeon-rock. 3, Hünenschwert, giant sword. 4, litten's die, suffered (it) they.

Noch stehn die Fechter alle stumm,
Tritt keiner aus den Reihn,
Der blinde König kehrt sich um:
„Bin ich denn ganz allein?"
Da faßt des Vaters Rechte
Sein junger Sohn so warm:
„Vergönn' mirs,[1] daß ich fechte!
Wohl fühl' ich Kraft im Arm."

„O Sohn, der Feind ist riesenstark,
Ihm hielt noch Keiner Stand;
Und doch in dir ist edles Mark,
Ich fühl's am Druck der Hand.
Nimm hier die alte Klinge!
Sie ist der Skalden [2] Preis.
Und fällst du, so verschlinge
Die Fluth mich armen Greis!"

Und horch! es schäumet und es rauscht
Der Nachen über's Meer,
Der blinde König steht und lauscht,
Und Alles schweigt umher,
Bis drüben sich erhoben
Der Schild' und Schwerter Schall
Und Kampfgeschrei und Toben
Und dumpfer Wiederhall.

---

1, vergönn' mir's, grant me. 2, Skalden, Scalds (ancient Scandinavian hero-bards).

Da ruft der Greis so freudig bang:
„Sagt an, was ihr erschaut!
Mein Schwert, (ich kenn's am guten Klang),
Es gab so scharfen Laut.“ —
„Der Räuber ist gefallen,
Er hat den blut'gen Lohn.
Heil dir, du Held vor allen,
Du starker Königssohn!“

Und wieder wird es still umher,
Der König steht und lauscht:
„Was hör' ich kommen über's Meer?
Es rudert und es rauscht.“ —
„Sie kommen angefahren,
Dein Sohn mit Schwert und Schild,
In sonnenhellen Haaren
Dein Töchterlein Gunild.“ —

„Willkommen!“ ruft vom hohen Stein
Der blinde Greis hinab,
„Nun wird mein Alter wonnig sein
Und ehrenvoll mein Grab.
Du legst mir, Sohn, zur Seite
Das Schwert von gutem Klang,
Gunilde, du Befreite,
Singst mir den Grabgesang.“

## Der Waller.

Auf Gallizien's [1] Felsenstrande [2]
Ragt ein heil'ger Gnadenort, [3]
Wo die reine Gottesmutter
Spendet ihres Segens Hort. [4]
Dem Verirrten in der Wildniß
Glänzt ein goldner Leitstern dort,
Dem Verstürmten [5] auf dem Meere
Oeffnet sich ein stiller Port.

Rührt sich dort die Abendglocke,
Hallt es weit die Gegend nach;
In den Städten, in den Klöstern
Werden alle Glocken wach.
Und es schweigt die Meereswoge,
Die noch kaum sich tobend brach,
Und der Schiffer kniet am Ruder,
Bis er leis sein Ave [6] sprach.

An dem Tage, da man feiert
Der Gepriesnen [7] Himmelfahrt,
Wo der Sohn den sie geboren,
Sich als Gott ihr offenbart,

---

1, Gallizien, Gallicia (a Spanish province). 2, Felsenstrande, rocky shore. 3, Gnadenort, a chapel (enshrining a miraculous image). 4, Hort, grace. 5, Verstürmten, wrecked man. 6, Ave, Ave Mary (a prayer). 7, Geprieseuen, Blessed Virgin.

Da, in ihrem Heiligthume,
Wirkt sie Wunder mancher Art;
Wo sie sonst im Bild nur wohnet,
Fühlt man ihre Gegenwart.

Bunte Kreuzesfahnen ziehen
Durch die Felder ihre Bahn,[1]
Mit bemalten Wimpeln grüßet
Jedes Schiff und jeder Kahn.
Auf dem Felsenpfade klimmen
Waller,[2] festlich angethan;
Eine volle Himmelsleiter,[3]
Steigt der schroffe Berg hinan.

Doch den heitern Pilgern folgen
Andre, barfuß und bestaubt,
Angethan[4] mit härnen Hemden;
Asche tragend auf dem Haupt;
Solche sind's, die der Gemeinschaft
Frommer Christen sind beraubt,
Denen nur am Thor der Kirche
Hinzuknieen ist erlaubt.

Und nach Allen keuchet Einer,
Dessen Auge trostlos irrt,
Den die Haare wild umflattern,
Dem ein langer Bart sich wirrt;[5]

---

1, ziehen ihre Bahn, mark a line. 2, Waller, pilgrims. 3, Himmelsleiter, heaven-ladder. 4, angethan clad. 5, Dem ......wirrt, whose long beard is disordered.

Einen Reif von rost'gem Eisen
Trägt er um den Leib geschirrt,
Ketten auch um Arm' und Beine,
Daß ihm jeder Tritt erklirrt.

Weil erschlagen er den Bruder
Einst in seines Zornes Hast,
Ließ er aus dem Schwerte schmieden
Jenen Ring, der ihn umfaßt.
Fern vom Herde, fern vom Hofe,
Wandert er und will nicht Rast,
Bis ein himmlisch Gnadenwunder[1]
Sprenget seine Kettenlast.

Trüg' er Sohlen auch von Eisen,
Wie er wallet ohne Schuh,
Lange hätt' er sie zertreten,
Und noch ward ihm nirgend Ruh.
Nimmer findet er den Heil'gen,
Der an ihm ein Wunder thu';
Alle Gnadenbilder sucht er,
Keines winkt ihm Frieden zu.

Als nun der den Fels erstiegen
Und sich an der Pforte neigt,
Tönet schon das Abendläuten,
Dem die Menge betend schweigt.

---

1, Gnadenwunder, working wonder.

Nicht betritt sein Fuß die Hallen,
Drin der Jungfrau Bild sich zeigt,
Farbenhell im Strahl der Sonne,
Die zum Meere niedersteigt.

Welche Gluth ist ausgegossen
Ueber Wolken, Meer und Flur!
Blieb der goldne Himmel offen,
Als empor die Heil'ge fuhr?
Blüht noch auf den Rosenwolken
Ihres Fußes lichte Spur?
Schaut die Reine selbst hernieder
Aus dem glänzenden Azur?

Alle Pilger gehn getröstet,
Nur der Eine rührt sich nicht,
Liegt noch immer an der Schwelle
Mit dem bleichen Angesicht.
Fest noch schlingt um Leib und Glieder
Sich der Fesseln schwer Gewicht:
Aber frei ist schon die Seele,
Schwebet in dem Meer von Licht.

---

## Die Nonne.

Im stillen Klostergarten
Eine bleiche Jungfrau gieng,
Der Mond beschien sie trübe;
An ihrer Wimper hieng
Die Thräne zarter Liebe.

„O wohl mir, daß gestorben
Der treue Buhle mein!
Ich darf ihn wieder lieben:
Er wird ein Engel sein,
Und Engel darf ich lieben."

Sie trat mit zagem Schritte
Wohl zum Mariabild;
Es stand in lichtem Scheine,
Es sah so muttermild
Herunter auf die Reine.

Sie sank zu seinen Füßen,
Sah auf mit Himmelsruh,
Bis ihre Augenlieder
Im Tode fielen zu;
Ihr Schleier wallte nieder.

---

## Einkehr.

Bei einem Wirthe, wundermild,[1]
Da war ich jüngst zu Gaste;
Ein goldner Apfel war sein Schild
An einem grünen Aste.

---

1, wundermild, wondrous kind.

Es war der gute Apfelbaum,
Bei dem ich eingekehret;
Mit süßer Kost und frischem Schaum [1]
Hat er mich wohl genähret.

Es kamen in sein grünes Haus
Viel leichtbeschwingte [2] Gäste;
Sie sprangen frei und hielten Schmaus
Und sangen auf das Beste. [3]

Ich fand ein Bett zu süßer Ruh
Auf weichen, grünen Matten; [4]
Der Wirth, er deckte selbst mich zu
Mit seinem kühlen Schatten.

Nun fragt' ich nach der Schuldigkeit, [5]
Da schüttelt' er den Wipfel;
Gesegnet sei er alle Zeit
Von der Wurzel bis zum Gipfel!

---

### Das Schloß am Meere.

Hast du das Schloß gesehen,
Das hohe Schloß am Meer?
Golden und rosig wehen [6]
Die Wolken drüber her. [6]

1, Schaum, (foam) nectar. 2, leichtbeschwingt, light-winged. 3, auf das Beste, their best. 4, Matten, turf. 5, Schuldigkeit, fare. 6, wehen drüber her, (wave) sail over it.

Es möchte[1] sich niederneigen
In die spiegelklare[2] Fluth,
Es möchte streben und steigen
In der Abendwolken Gluth.

„Wohl hab' ich es gesehen,
Das hohe Schloß am Meer,
Und den Mond darüber stehen,
Und Nebel weit umher."

Der Wind und des Meeres Wallen,[3]
Gaben sie frischen Klang?
Vernahmst du aus hohen Hallen
Saiten[4] und Festgesang?

„Die Winde, die Wogen alle
Lagen in tiefer Ruh;
Einem Klagelied aus der Halle
Hört' ich mit Thränen zu."[5]

Sahest du oben gehen
Den König und sein Gemahl?
Der rothen Mäntel Wehen,
Der goldnen Kronen Strahl?

Führten sie nicht mit Wonne
Eine schöne Jungfrau dar,[6]
Herrlich wie eine Sonne,
Strahlend im goldnen Haar?

---

1, es möchte, (it would like) it seems as if it would. 2, spiegelklar, mirror-smooth. 3, Wallen, heaving. 4, Saiten, (strings) lyre. 5, hört' ich zu, I listened to. 6, dar, forth.

„Wohl sah ich die Eltern beide
Ohne der Kronen Licht,
Im schwarzen Trauerkleide;[1]
Die Jungfrau sah ich nicht.“

### Der Traum.

Im schönsten Garten wallten
Zwei Buhlen, Hand in Hand,
Zwo bleiche, kranke Gestalten,
Sie sahen in's Blumenland.

Sie küßten sich auf die Wangen,
Sie küßten sich auf den Mund,
Sie hielten sich fest umfangen,
Sie wurden jung und gesund.

Zwei Glöcklein klangen helle,
Der Traum entschwand zur Stund'![2]
Sie lag in der Klosterzelle,
Er fern in Thurmes Grund.[3]

### Der schwarze Ritter.

Pfingsten war, das Fest der Freude,
Das da feiern[4] Wald und Haide.
Hub der König an[5] zu sprechen:

1, Trauerkleide, mourning-dress. 2, zur Stund', suddenly. 3, Thurmes Grund, the dungeon of the tower. 4, feiern, to make a feast, 5, hub an, began.

„Auch aus den Hallen
Der alten Hofburg allen
Soll ein reicher Frühling brechen!"

Trommeln und Trommeten schallen
Rothe Fahnen festlich wallen.
Sah der König vom Balkone;
In Lanzenspielen [1]
Die Ritter alle fielen
Vor des Königs starkem Sohne.

Aber vor des Kampfes Gitter
Ritt zuletzt ein schwarzer Ritter.
„Herr! wie ist Eu'r Nam' und Zeichen?" —[2]
„Würd' ich es sagen,
Ihr möchtet zittern und zagen,
Bin ein Fürst von großen Reichen."

Als er in die Bahn gezogen, [3]
Dunkel ward des Himmels Bogen
Und das Schloß begann zu beben.
Beim ersten Stoße
Der Jüngling sank vom Rosse,
Konnte kaum sich wieder heben.

Pfeif' und Geige ruft zu Tänzen,
Fackeln durch die Säle glänzen;
Wankt ein großer Schatten drinnen.

---

1, Lanzenspielen, play of spears. 2, Zeichen, escutcheon.
3, in die Bahn gezogen rode into the lists.

Er thät mit Sitten [1]
Des Königs Tochter bitten,
Thät den Tanz mit ihr beginnen.

Tanzt im schwarzen Kleid von Eisen,
Tanzet schauerliche Weisen, [2]
Schlingt sich kalt um ihre Glieder.
Von Brust und Haaren
Entfallen ihr die klaren
Blümlein welk zur Erde nieder.

Und zur reichen Tafel kamen
Alle Ritter, alle Damen.
Zwischen [3] Sohn und Tochter innen
Mit bangem Muthe [4]
Der alte König ruhte,
Sah sie an mit stillem Sinnen.

Bleich die Kinder beide schienen, [5]
Bot der Gast den Becher ihnen:
„Goldner Wein macht Euch genesen."
Die Kinder tranken,
Sie thäten höflich danken:
„Kühl ist dieser Trank gewesen."

An des Vaters Brust sich schlangen
Sohn und Tochter; ihre Wangen
Thäten völlig sich entfärben. [6]

---

1, Sitten, **good manners**. 2, schauerliche Weisen, **dreadful measure**. 3, zwischen innen, **between**. 4, Muthe, **mind**. 5, schienen, **looked**. 6, entfärben, **grew colorless**.

Wohin der graue,
Erschrock'ne Vater schaue,
Sieht er eins der Kinder sterben.

„Weh! die holden Kinder beide
Nahmst du hin [1] in Jugendfreude;
Nimm auch mich, den Freudelosen!" [2]
Da sprach der Grimme
Mit hohler, dumpfer Stimme:
„Greis! im Frühling brech' ich Rosen."

---

1, hin, away. 2, Freudelosen, joyless.

## Friedrich Rückert,

one of the greatest of the lyric poets of Germany, was born at Schweinfurt, Bavaria, in May 1789. After having been prepared for the university in the Gymnasium of his native town, he repaired to Jena, where he devoted himself principally to the study of philology and general literature. In 1811, we find him for a short time a private teacher, and having changed his place of residence several times, he finally settled in Stuttgard, where he became one of the editors of the "Morgenblatt" from 1815 to 1817. He then went to Italy, and passed most of the year 1818 at Rome and Aricia, devoting himself almost exclusively to the popular poetry of this country. Returned to Germany, he established himself in Coburg, studying the Oriental languages and writing poetry. In 1826, he was called to the chair of Oriental Languages at the Erlangen University, and in 1841, he was invited to the Prussian capital, as Professor of the Oriental Literature. His duties in Berlin were very light, so that he passed the summer months regularly in the bosom of his family, at his lovely country seat near Coburg. Rückert became first known to the world, under the "nom de plume" FREIMUND REIMAR. He is not only a clever interpreter of Eastern poetry, but reproduces it most happily; his verse is flowing and melodious. He was not less successful in lyric than in didactic poetry. "Die Weisheit des Brahmanen" is an interesting collection of the maxims and precepts of the ancient Brahmines. "Nal and Damajanti", an Indian story, "Rostem and Suhrab", and a collection of Eastern tales, entitled: "Sieben Bücher morgenländischer Sagen", are highly entertaining, although the latter consists of fragments only, and is at times somewhat monotonous. Great as a lyric poet, he is rather a poor dramatic writer.

His works have been published partly in Stuttgard, Leipzig, Berlin etc. and a good selection of his "Gesammelte Gedichte" has appeared in Frankfort (2. vol. 1846).

## THE DYING FLOWER.

This piece may serve as a fair specimen of Rückert's style and genius as a lyric poet. It consists of two parts, the first is a dialogue between the poet and a dying flower, and the second an apostrophe of the latter to the sun. The wailings of the flower at her cruel fate, which would presently doom her to destruction, and at last her resignation and grateful acknowledgment, of all she had received from the great SOURCE OF EARTHLY LIGHT AND LIFE, (the sun) are delineated by the hand of a master.

### Die sterbende Blume.

Hoffe! du erlebst es noch, [1]
Daß der Frühling wiederkehrt.
Hoffen alle Bäume doch,
Die des Herbstes Wind verheert,
Hoffen mit der stillen Kraft
Ihrer Knospen winterlang, [2]
Bis sich wieder regt der Saft, [3]
Und ein neues Grün entsprang.

„Ach, ich bin kein starker Baum,
Der ein Sommertausend [4] lebt,
Nach verträumtem Wintertraum [5]
Neue Lenzgedichte [6] webt.

---

1, du erlebst es noch, thou wilt yet live to see. 2, winterlang, through the long winter. 3, sich regt der Saft, starts the sap. 4, Sommertausend, i. e. tausend Sommer. 5, verträumten Wintertraum, dreamed-over winter-dream; a reiteration which the poet only could dare to use. 6, Lenzgedichte webt, spring-songs weaves; another daring expression.

Ach, ich bin die Blume nur,
Die des Maies Kuß geweckt,
Und von der nicht bleibt die Spur,
Wie [1] das weiße Grab sie deckt." —

Wenn du denn die [2] Blume bist,
O bescheidenes Gemüth,
Tröste dich, beschieden ist
Samen Allem, was da blüht.
Laß den Sturm des Todes doch [3]
Deinen Lebensstaub [4] verstreu'n.
Aus dem Staube wirst du noch
Hundertmal dich selbst erneu'n. —

„Ja, es werden nach mir blüh'n
Andre, die mir ähnlich sind;
Ewig ist das ganze Grün,
Nur das Einzle [5] welkt geschwind.
Aber, sind sie,[6] was ich war,
Bin ich selber es nicht mehr;
Jetzt nur bin ich ganz und gar, [7]
Nicht zuvor und nicht nachher.

„Wenn einst sie der Sonne Blick
Wärmt, der jetzt noch mich durchflammt,
Lindert das nicht mein Geschick,
Das mich nun zur Nacht verdammt.

---

1, wie, as soon as. 2, die for eine. 3, laß doch, do, let. 4, Lebensstaub, dust of life (pollen). 5, Einzle for Einzelne, the single, individual. 6, sind sie, supply wann, when they are. 7, ganz und gar, a whole and complete thing.

Sonne, ja du äugelst [1] schon
Ihnen in die Fernen zu; [1]
Warum noch mit frost'gem Hohn
Mir aus Wolken lächelst du?

„Weh' mir, daß ich dir vertraut,
Als mich wach [2] geküßt dein Strahl;
Daß ins Aug' ich dir geschaut,
Bis es mir das Leben stahl! [3]
Dieses Lebens armen Rest
Deinem Mitleid zu entzieh'n, [4]
Schließen [6] will ich krankhaft fest [5]
Mich in mich, [6] und dir entflieh'n.

„Doch du schmelzest [7] meines Grimms
Starres Eis in Thränen auf; [7]
Nimm mein fliehend Leben, nimm's,
Ewige, zu dir hinauf!
Ja, du sonnest [8] noch den Gram
Aus der Seele mir zuletzt;
Alles was von dir mir kam,
Sterbend dank ich dir es jetzt:

---

1, äugelst zu, (with the dative ihnen) oglest, caressest them. 2, wach, (awake) into life. 3, es stahl, es means the looking at the sun. 4, zu entziehen, supply um, in order to withdraw from thy pity. 5, krankhaft fest, (sickly firm) feverish firmness. 6, schließen mich in mich, close or wrap myself up in myself, i. e. to become indifferent to everything outside of my own self. 7, schmelzest auf, meltest open, i. e. thawest up. 8, sonnest......, thou sunnest the grief away. The flower has changed its tone, the remembrance of what the eternal light has done for her, involuntarily softens her grief, and renders her grateful.

„Aller Lüfte Morgenzug,[1]
Dem ich[2] sommerlang gebebt,
Aller Schmetterlinge Flug,
Die um mich im Tanz geschwebt;
Augen, die mein Glanz erfrischt,
Herzen, die mein Duft erfreut;
Wie[3] aus Duft und Glanz gemischt
Du mich schufst, dir dank' ich's heut.

„Eine Zierde deiner Welt,
Wenn auch eine kleine nur,[4]
Ließest du mich blüh'n im Feld,
Wie die Stern'[5] auf höh'rer Flur.
Einen Odem[6] hauch' ich noch,
Und er soll kein Seufzer sein;
Einen Blick zum Himmel hoch,
Und zur schönen Welt hinein.[7]

„Ew'ges Flammenherz[8] der Welt,
Laß verglimmen mich an dir!
Himmel, spann' dein blaues Zelt,

---

1, Morgenzuq. morning breeze. 2, dem ich, supply unter, under which I waved. 3, wie, belongs to the verb dank'; read these lines: Du, die mich aus Duft und Glanz gemischt, erschufst, wie dank' ich's heute dir. 4, wenn auch nur, though only. 5, wie die Stern', blüh'n is understood. 6, Odem, (poet.) Athem, one breath is only left to me. 7, zur, hinein, into the. 8, Flammenherz, (flame-heart, the centre of light and warmth. 9, laß......dir, let me die on thee (the heart of flames).

Mein vergrüntes [1] sinket hier.
Heil, o Frühling deinem Schein!
Morgenluft, Heil deinem Weh'n!
Ohne Kummer schlaf' ich ein,
Ohne Hoffnung [2] aufzusteh'n."

---

## Ursprung der Rose.

Den Rosenzweig benagt ein Lämmchen auf der Weide,
Es thut's nur sich zur Lust,[3] es thut's nicht ihm zu Leide.
Dafür [4] hat Rosendorn dem Lämmchen abgezwackt [5]
Ein Flöckchen Wolle nur; es ward davon nicht nackt.
Das Flöckchen hielt der Dorn in scharfen Fingern fest;
Da kam die Nachtigall und wollte baun ihr Nest.
Sie sprach: Thu' auf [6] die Hand und gieb das Flöckchen mir,
Und [7] ist mein Nest gebaut sing' ich zum Danke dir.
Er gab, sie nahm und baut, und als sie nun gesungen,
Da ist am Rosendorn vor Lust die Ros' entsprungen! [8]

---

1, vergrüntes, (what had been green), it is now faded. The heavens are a BLUE tent, and the leaves of the flower, were her GREEN tent. 2, ohne Hoffnung aufzustehen, without the hope of ever rising again (in her present form, but she will live again in her off-spring — see verse 3: Tröste dich, beschieden ist etc.). 3, es . . . . Lust, it does it in wanton pleasure. 4, dafür, in requital. 5, abgezwackt, pinched off. 6, thu' auf, open (imper.). 7, und, supply wann. 8, entsprungen, sprang out.

## BARBAROSSA.

**Frederick I., the second Roman-German Emperor, surnamed Barbarossa, i. e. Red-beard, died in 1191. He was the greatest prince on the throne of Germany after Charlemagne, and much beloved by his people. An old legend reports, that he did not die, but is still entranced in a subterranean hall of the Castle of Kyffhausen on the Kyffhaeuser mountain in Germany. When the ravens shall no longer fly around the mountain, the emperor will awake and come forth, and with him the golden age of the power and prosperity of Germany.**

### Barbarossa.

Der alte Barbarosse,
Der Kaiser Friederich,
Im unterird'schen Schlosse
Hält er verzaubert sich.[1]

Er ist niemals gestorben,
Er lebt darin noch jetzt;
Er hat im Schloß verborgen
Zum Schlaf sich hingesetzt.

Er hat hinabgenommen
Des Reiches Herrlichkeit,
Und wird einst wiederkommen,
Mit ihr, zu seiner Zeit.

Der Stuhl ist elfenbeinern,
Darauf der Kaiser sitzt:
Der Tisch ist marmelsteinern,[2]
Worauf sein Haupt er stützt.

---

1. hält sich, supply auf, dwells. 2, marmelsteinern, of marble.

Sein Bart ist nicht von Flachse,
Er ist von Feuersglut.[1]
Ist durch den Tisch gewachsen,
Worauf sein Kinn ausruht.

Er nickt als wie im Traume,
Sein Aug halb offen zwinkt;[2]
Und je nach langem Raume[3]
Er einem Knaben winkt.

Er spricht im Schlaf zum Knaben:
Geh hin vor's Schloß, o Zwerg,
Und sieh, ob noch die Raben
Herfliegen[4] um den Berg.

Und wann die alten Raben
Noch fliegen immerdar,
So muß ich auch noch schlafen,
Verzaubert hundert Jahr.

---

### Abendlied.

Ich stand auf des Berges Halde,
Als heim die Sonne ging,
Und sah, wie über'm Walde
Des Abends Goldnetz hing.

---

1, von Feuersgluth, of fiery-red. 2, zwinkt, (prov.) blinks. 3, und...... Raum, and regularly at long intervals. 4, herfliegen, come flying.

Des Himmels Wolken thauten[1]
Der Erde Frieden zu,
Bei Abendglockenlauten[2]
Ging die Natur zur Ruh.

Ich sprach: o Herz, empfinde
Der Schöpfung Stille nun
Und schick'[3] mit jedem Kinde
Der Flur dich auch, zu ruhn.

Die Blumen alle schließen
Die Augen allgemach,[4]
Und alle Wellen fließen
Besänftiget im Bach'.

Nun hat der müde Silfe[5]
Sich unters Blatt gesetzt,
Und die Libell'[6] am Schilfe
Entschlummert, thaubenetzt;[7]

Es ward dem goldnen Käfer
Zur Wieg'[8] ein Rosenblatt;
Die Heerde mit dem Schäfer
Sucht ihre Lagerstatt;

Die Lerche sucht aus Lüften
Ihr feuchtes Nest im Klee,

1. thauten Frieden zu, let fall their peaceful dew. 2. Abendglockenläuten, tolling of evening-bells. 3. schick dich, supply an, sich anschicken, to prepare one's self. 4. allgemach, by degrees. 5. Silfe for Sylphe, to make it rhyme with Schilfe. 6. Libelle, dragon-fly. 7. thaubenetzt, bedewed. 8. es ward zur Wiege, became a cradle.

Und in des Waldes Schlüften[1]
Ihr Lager Hirsch und Reh.

Wer sein[2] ein Hüttchen nennet,
Ruht nun darin sich aus,
Und wen die Fremde trennet,[3]
Den trägt ein Traum nach Haus.

Mich fasset ein Verlangen,
Daß ich zu dieser Frist
Hinauf nicht kann gelangen,
Wo meine Heimath ist.

---

**Liebesfrühling.**

Wie die Engel möcht' ich sein
Ohne Körperschranke;[4]
Deren[5] Unterredung ein
Tönender Gedanke.

Oder wie die Blum' im Thal,
Wie der Stern in Lüften,
Dessen Liebesruf ein Strahl,
Deren Sprach' ein Düften.

Oder wie der Morgenwind,
Der um seine Rose

---

1. Schlüften, glens. 2. sein, his own. 3. die Fremde trennet, the stranger world separates (from home). 4. Körperschranke, (body-bounds) being chained to the earth by my body. 5. deren, whose (the angels), is the gen. plur. of the rel. pron. der, like deren in the next verse; dessen (Liebesruf), referring to star, is the gen. sing. masc.

Aufgelöset ganz zerrinnt [1]
In ein Liebgekose.

Aermer ist die Nachtigall,
Die nicht kann zerfließen,
Sondern [2] nur der Sehnsucht Hall
Lässet sich ergießen.[2]

Eine Nachtigall bin ich,
Aber stumm geboren;
Meine Feder spricht für mich,
Doch nicht zu den Ohren.

Leuchtendes Gedankenbild [3]
Ist des Griffels Schreiben;
Doch wo du nicht lächelst mild,
Muß es tonlos bleiben.

Wie dein Blick das Blatt berührt,
Fängt es an zu singen,
Und den Preis, der ihr gebührt,
Hört die Lieb' erklingen.

Jeder Buchstab' ist zumal [4]
Memnonsäule [5] worden,[6]
Die geküßt vom Morgenstrahl
Aufwacht in Accorden.

1. dies. 2. sondern .... ergießen, the sounds of her longing only can gush out. 3. Gedankenbild, (image of thought) ideal. 4. zumal, at once, 5. Memnonsäule, the celebrated Egyptian Statue of Memnon, supposed to have the property of emitting a harp-like sound at sun-rise. Supply the art. eine. 6. worden, for geworden.

## Ludolf Adalbert von Chamisso

was born, in 1781, at the Chateau de Boncourt in Champagne, the old family-seat of his ancestors. When the French Revolution broke out, the castle was assailed and rased to the ground; and the family reduced to poverty, were obliged to flee. At the age of nine, Chamisso was taken to Germany, and when he was old enough, he entered the Prussian army. He was an ardent scholar and became intimate with many of the literary men of Germany. From 1804 to 1806, he published the "MUSEN-ALMANACH" in company with Varnhagen von Ense. In 1813, he wrote PETER SCHLEMIHL, or the Man without a Shadow, the moral of which is, that to sell even the shadow of our humanity for gold, is a bad bargain. In 1815, he joined the expedition of Count Romanzoff from Cronstadt and having sailed around the world, returned to Berlin, in 1818, where he received an appointment in the Botanical Garden. Besides his other literary labors, he assisted Gaudy in translating Béranger's Songs into German. He died at Berlin in 1836.

### Das Schloß Boncourt.

Ich träum' als Kind mich zurücke,
Und schüttle mein greises Haupt;
Wie sucht ihr mich heim,[1] ihr Bilder,
Die lang ich vergessen geglaubt?

---

1, wie sucht ihr mich heim, how (comes it that) you visit me.

Hoch ragt[1] aus schatt'gen Gehegen
Ein schimmerndes Schloß hervor,
Ich kenne die Thürme, die Zinnen,
Die steinerne Brücke, das Thor.

Es[2] schauen vom Wappenschilde
Die Löwen so traulich mich an.
Ich grüße die alten Bekannten,
Und eile den Burghof[3] hinan.

Dort liegt die Sphinx am Brunnen,
Dort grünt der Feigenbaum,
Dort, hinter diesen Fenstern,
Verträumt' ich den ersten Traum.

Ich tret' in die Burgkapelle,
Ich suche des Ahnherrn Grab,
Dort ist's, dort hängt vom Pfeiler
Das alte Gewaffen[4] herab.

Noch lesen umflort die Augen[5]
Die Züge der Inschrift nicht,
Wie[6] hell durch die bunten Scheiben
Das Licht darüber[7] auch[6] bricht.

So stehst du, o Schloß meiner Väter,
Mir treu und fest in dem[8] Sinn,

---

1, ragt, rises. 2, es, omit. 3, Burghof, castle-yard. 4, Gewaffen for Waffen. 5, umflort die Augen, my veiled eyes. 6, wie....auch, however. 7, darüber, over it (the insculpture). 8, mir in dem, transl. in meinem.

Und bist von der Erde verschwunden,
Der Pflug geht über dich hin.

Sei fruchtbar, o theurer Boden,
Ich segne dich mild und gerührt,
Und segn' ihn zwiefach, wer immer
Den Pflug nun über dich führt.

Ich aber will auf mich raffen, [1]
Mein Saitenspiel in der Hand,
Die Weiten der Erde [2] durchschreiten,
Und singen von Land zu Land.

---

## THE TOY OF THE GIANT-CHILD.

The moral of this ballad is obvious. In the Middle Ages the peasants were serfs and mere chattels in the hands of the nobility. And even now they are called the LOWEST order in the state, and often treated with contempt.

### Das Riesenspielzeug.

Burg Nideck ist im Elsaß der Sage [3] wohlbekannt,
Die Höhe, wo vor Zeiten die Burg der Riesen stand.
Sie selbst ist nun verfallen, die Stätte wüst und leer;
Du fragest nach den Riesen, du findest sie nicht mehr.

---

1, auf mich raffen, I will up, up. 2, die Weiten der Welt, the wide world over. 3, der Sage, in legends.

Einst kam das Riesen-Fräulein [1] aus jener Burg hervor,
Erging sich sonder Wartung [2] und spielend vor dem Thor'
Und stieg hinab den Abhang bis in das Thal hinein,
Neugierig zu erkunden, wie's unten möchte sein.

Mit wen'gen raschen Schritten durchkreuzte sie den Wald,
Erreichte gegen Haßlach das Land der Menschen bald;
Und Städte dort und Dörfer und das bestellte Feld [3]
Erschienen ihren Augen gar eine fremde Welt.

Wie jetzt zu ihren Füßen sie, spähend, niederschaut,
Bemerkt sie einen Bauer, der seinen Acker baut; [4]
Es kriecht das kleine Wesen einher [5] so sonderbar,
Es glitzert in der Sonne der Pflug so blank und klar.

Ei, artig Spielding, [6] ruft sie; das nehm ich mit nach Haus!
Sie knieet nieder, spreitet behend ihr Tüchlein aus,
Und feget mit den Händen, was da sich Alles regt,
Zu Haufen [7] in das Tüchlein, das sie zusammenschlägt; [8]

Und eilt mit freud'gen Sprüngen, man weiß, wie Kinder sind,
Zur Burg hinan und suchet den Vater auf geschwind:
„Ei Vater, lieber Vater, ein Spielding, wunderschön!
So Allerliebstes [9] sah ich noch nie auf unsern Höh'n."

1, Riesenfräulein, **giant-damsel.** 2, erging sich sonder Wartung, **walked without her nurse.** 3, bestellte Feld, **tilled field.** 4, der seinen Acker baut, **who tills his field.** 5, es kriecht einher, **(it) crawls about.** 6, Spielding, **play-thing.** 7, zu Haufen, **in a heap.** 8, zusammenschlägt, **folds together.** 9, Allerliebstes, **such a pretty thing.**

Der Alte saß am Tische und trank den kühlen Wein,
Er schaut sie an behaglich, er fragt das Töchterlein;
„Was Zappeliges [1] bringst du in deinem Tuch' herbei?
Du hüpfest ja vor Freuden; laß sehen, was es sei."

Sie spreitet aus das Tüchlein und fängt behutsam an [2]
Den Bauer aufzustellen,[2] den Pflug und das Gespann.
Wie Alles auf dem Tische sie zierlich aufgebaut,
Da klatscht sie in die Hände und springt und jubelt laut. [3]

Der Alte wird gar ernsthaft und wiegt [4] sein Haupt und spricht:
„Was hast du angerichtet? [5] das ist kein Spielzeug nicht; [6]
Wo du es hergenommen,[7] da trag es wieder hin.
Der Bauer ist kein Spielzeug; was kommt dir in den Sinn?

Sollst gleich und ohne Murren erfüllen mein Gebot;
Denn, wäre nicht der Bauer, so hättest du kein Brod.
Es sprießt[8] der Stamm der Riesen aus Bauernmark[9] hervor;[8]
Der Bauer ist kein Spielzeng; da sei uns Gott davor!" [10]

Burg Niedeck ist im Elsaß der Sage wohl bekannt,
Die Höhe, wo vor Zeiten die Burg der Riesen stand;
Sie selbst ist nun verfallen, die Stätte wüst und leer,
Und fragst du nach den Riesen, du findest sie nicht mehr.

---

1, Zappeliges, **sprawling thing.** 2, fängt an aufzustellen, **begins to put up in order.** 3, jubelt laut, **shouts exultingly.** 4, wiegt, **shakes.** 5, was hast du angerichtet, **what have you done?** 6, nicht, **omit.** 7, hergenommen, **taken.** 8, sprieſt hervor, **grew up.** 9, Bauernmark, **peasant's marrow.** 10, da.... davor, **God forbid.**

## Der Bettler und sein Hund.

„Drei Thaler erlegen[1] für meinen Hund!
So schlage das Wetter[2] mich gleich in den Grund!
Was denken die Herrn von der Polizei?
Was soll nun wieder die Schinderei?[3]

Ich bin ein alter, ein kranker Mann,
Der keinen Groschen verdienen kann;
Ich habe nicht Geld, ich habe nicht Brod,
Ich lebe ja nur von Hunger und Noth.

Und wann ich erkrankt, und wann ich verarmt,
Wer hat sich da noch meiner erbarmt?
Wer hat, wann ich auf Gottes Welt
Allein mich fand, zu mir sich gesellt?

Wer hat mich geliebt, wann ich mich gehärmt?
Wer, wann ich fror, hat mich gewärmt?
Wer hat mit mir, wann ich hungrig gemurrt,
Getrost gehungert und nicht geknurrt?

Es geht zur Neige[4] mit uns Zwei'n,
Es muß, mein Thier, geschieden sein;
Du bist, wie ich, nun alt und krank,
Ich soll dich ersäufen, das ist der Dank![5]

---

1, erlegen, soll ich is understood. 2, Wetter for Wetterstrahl, thunderbolt. 3, Schinderei, (fig. vulg.) extortion. 4, es geht zur Neige, it goes to end. 5, der Dank, your reward.

Das ist der Dank, das ist der Lohn!
Dir geht's, wie manchem Erdensohn.
Zum Teufel! ich war bei mancher Schlacht,
Den Henker hab' ich noch nicht gemacht.

Das ist der Strick, das ist der Stein,
Das ist das Wasser, — es muß ja sein.
Komm her, du Köter, und sieh mich nicht an,
Noch nur ein Fußstoß, so ist es gethan."

Wie er in die Schlinge den Hals ihm gesteckt,
Hat wedelnd der Hund die Hand ihm geleckt.
Da zog er die Schlinge sogleich zurück,
Und warf sie schnell um sein eigen Genick.

Und that einen Fluch, gar schauderhaft,
Und raffte zusammen [1] die letzte Kraft,
Und stürzt' in die Fluth sich, die tönend stieg,
In Kreise sich zog und über ihm schwieg.

Wohl [2] sprang der Hund zur Rettung hinzu,
Wohl heult' er die Schiffer aus ihrer Ruh',
Wohl zog er sie winselnd und zerrend her,
Wie sie ihn fanden, da war er nicht mehr.

Er ward verscharret in stiller Stund',
Es folgt' ihm winselnd nur der Hund,
Der hat, wo den Leib die Erde deckt,
Sich hingestreckt und ist da verreckt. [3]

---

1, raffte zusammen, collected. 2, wohl for obwohl. 3, verreckt, died; is used only for animals, sometimes however for men in utter contempt.

## Die Löwenbraut.

Mit der Myrte geschmückt und dem Brautgeschmeid,[1]
Des Wärters[2] Tochter, die rosige Maid'
Tritt ein in den Zwinger[3] des Löwen; er liegt
Der Herrin zu Füßen, vor der er sich schmiegt.[4]

Der Gewaltige, wild und unbändig zuvor,
Schaut fromm und verständig zur Herrin empor;
Die Jungfrau zart und wonnereich,
Liebstreichelt[5] ihn sanft und weinet zugleich:

„Wir waren in Tagen, die nicht mehr sind,
Gar treue Gespielen wie Kind und Kind,
Und hatten uns lieb,[6] und hatten uns gern;
Die Tage der Kindheit, sie liegen uns fern.

Du schütteltest machtvoll, eh' wir's geglaubt,[7]
Dein mähnen-umwogtes,[8] königlich Haupt;
Ich wuchs heran, du siehst es, ich bin
Das Kind nicht mehr, mit kindischem Sinn.

O wär' ich das Kind noch und bliebe bei dir,
Mein starkes, getreues, mein redliches Thier;
Ich aber muß folgen, sie thaten's mir an,[9]
Hinaus in die Fremde dem fremden Mann.

---

1, Brautgeschmeid, bride's jewels. 2, Wärters, keeper's. 3, Zwinger, den. 4, sich schmiegt, cringes. 5, liebstreichelt, caresses. 6, lieb haben, gern haben, to love, like, wish well (the Italian uses the very same idiom: VOLER BENE). 7, geglaubt (haben understood), were aware. 8, mähnen-umwogtes, mane-encircled. 9, sie thaten's mir an, they forced me to it.

Es fiel ihm ein,[1] daß schön ich sei,
Ich wurde gefreiet, es ist nun vorbei; —
Der Kranz im Haare, mein guter Gesell,
Und nicht vor Thränen die Blicke mehr hell.[2]

Verstehst du mich ganz? schau'st grimmig dazu;
Ich bin ja gefaßt, sei ruhig auch du;
Dort seh' ich ihn kommen, dem folgen ich muß,
So geb' ich denn, Freund, dir den letzten Kuß!"

Und wie ihn die Lippe des Mädchens berührt,
Da hat man den Zwinger erzittern gespürt;[3]
Und wie er am Gitter den Jüngling erschaut,
Erfaßt Entsetzen die bangende Braut.

Er stellt an die Thür sich des Zwingers zur Wacht,
Er schwinget den Schweif, er brüllet mit Macht;
Sie flehend, gebietend und drohend begehrt
Hinaus;[4] er im Zorn den Ausgang wehrt.

Und draußen erhebt sich verworren Geschrei,
Der Jüngling ruft: „bringt Waffen herbei;
Ich schieß' ihn nieder, ich treff' ihn gut!"
Auf brüllt der Gereizte, schäumend vor Wuth.

Die Unsel'ge[5] wagt's sich der Thüre zu nah'n,
Da fällt er verwandelt[6] die Herrin an;

---

1, es fiel ihm ein, it came into his mind. 2, und......hell, my looks (eyes) no longer clear, because of tears. 3, gespürt, felt. 4, begehrt hinaus, will go out. 5, Unsel'ge, wretched. 6, verwandelt, transformed, another being.

Die schöne Gestalt, ein gräßlicher Raub,[1]
Liegt blutig, zerrissen, entstellt in dem Staub.

Und wie er vergossen das theure Blut,
Er legt sich zur Leiche mit finsterem Muth,[2]
Er liegt so versunken in Trauer und Schmerz,
Bis tödtlich die Kugel ihn trifft in das Herz.

---

1, Raub, spoil. 2, Muth for Gemüth

## Heinrich Heine,

a phenomenon among the poets of the 19th century, was born in 1797, at Düsseldorf, Prussia. He studied law at Bonn, Berlin and Göttingen, but never practiced it. He resided then at Hamburg, Berlin and Munich; in 1831, he removed to Paris, as correspondent of the "Augsburger Allgemeine Zeitung". The first collection of his poems he published as early as 1822, which met with a favorable reception, but his "Reisebilder" (Pictures of Travel) established his fame, especially on account of political topics, which he handled with great spirit. For some years his health was declining, but though partially palsied and nearly blind, he was alive to every event in life and literature, and some of his finest productions have been dictated by him, while hopelessly fettered to his couch of pain. He died, in 1856, at the age of 58.

His principal writings besides the "Reisebilder", are the: "Buch der Lieder" (Book of Songs, lately translated by Leland, publ. by F. Leypold, Phil. 1864), two tragedies "Almansor" and "Radcliff", "Beiträge zur Geschichte der neuern schoenen Literatur in Deutschland", "Französische Zustaende", "Salon" etc. (A complete edition of his works in German, has been published by John Weik & Co., Philadelphia, fifth edition, 1859—60.

Heine's style is remarkable for vigor and brilliancy, it is sparkling with wit, often rather too much so, for the holiest is not secure from it; and he is at times wholly devoid of fine taste. Throughout all his writings there are indeed traces of deep feelings, suffering and disappointment, but they are those of a morbid and ill-regulated mind. A genius as he certainly was, he is sadly wanting in the great power of truth, and in the ennobling principle of aspiring to an ideal, higher than himself.

## Don Ramiro.

„Donna Clara! Donna Clara!
Heißgeliebte langer Jahre!
Hast beschlossen mein Verderben,
Und beschlossen ohn' Erbarmen.

„Donna Clara! Donna Clara!
Ist doch süß die Lebensgabe! [1]
Aber unten ist es grausig,
In dem dunkeln, kalten Grabe.

„Donna Clara! Freu' dich, morgen
Wird Fernando, am Altare,
Dich als Ehgemahl begrüßen —
Wirst du mich zur Hochzeit laden?"

„„Don Ramiro! Don Ramiro!
Deine Worte treffen bitter, [2]
Bitt'rer als der Spruch der Sterne,
Die da spotten meines Willens.

„„Don Ramiro! Don Ramiro!
Rüttle ab den dumpfen Trübsinn;
Mädchen giebt es viel auf Erden,
Aber uns hat Gott geschieden.

„„Don Ramiro, der du muthig
So viel Mohren überwunden,
Ueberwinde nun dich selber, —
Komm' auf meine Hochzeit morgen.""

---

1, Lebensgabe, the gift of life. 2, treffen bitter, wound sorely.

„Donna Clara! Donna Clara!
Ja, ich schwör' es, ja, ich komme!
Will mit dir den Reihen tanzen; —
Gute Nacht, ich komme morgen."

„„Gute Nacht!"" — Das Fenster klirrte.
Seufzend stand Ramiro unten,
Stand noch lange wie versteinert;
Endlich schwand er fort [1] im Dunkeln. —

Endlich auch nach langem Ringen,
Muß die Nacht dem Tage weichen;
Wie ein bunter Blumengarten
Liegt Toledo ausgebreitet.

Prachtgebäude [2] und Paläste
Schimmern hell im Glanz der Sonne;
Und der Kirchen hohe Kuppeln
Leuchten stattlich wie vergoldet.

Summend wie ein Schwarm von Bienen,
Klingt der Glocken Festgeläute,
Lieblich steigen Betgesänge [3]
Aus den frommen Gotteshäusern.

Aber dorten, siehe! siehe!
Dorten aus der Marktkapelle, [4]
Im Gewimmel und Gewoge,
Strömt des Volkes bunte Menge.

---

1, schwand fort, **disappeared.** 2, Prachtgebäude, **splendid buildings.** 3, Betgesänge, **choral-songs.** 4, Marktkapelle, **chapel on the market place.**

Blanke Ritter, schmucke Frauen,
Hofgesinde [1] festlich blinkend,
Und die hellen Glocken läuten,
Und die Orgel rauscht dazwischen. [2]

Doch mit Ehrfurcht ausgewichen, [3]
In des Volkes Mitte wandelt
Das geschmückte junge Eh'paar,
Donna Clara, Don Fernando.

Bis an Bräutigams Palastthor
Wälzet sich das Volksgewühle; [4]
Dort beginnt die Hochzeitfeier,
Prunkhaft und nach alter Sitte.

Ritterspiel und frohe Tafel [5]
Wechseln unter lautem Jubel;
Rauschend [6] schnell entfliehn die Stunden,
Bis die Nacht herabgesunken.

Und zum Tanze sich versammeln
In dem Saal die Hochzeitgäste;
In dem Glanz der Lichter funkeln
Ihre bunten Prachtgewänder.

Auf erhob'ne Stühle ließen
Braut und Bräutigam sich nieder,
Donna Clara, Don Fernando,
Und sie tauschten süße Reden.

---

1, Hofgesinde, courtiers. 2, rauscht dazwischen, plays in the pauses. 3, ausgewichen, avoided. 4, Volksgewühle, eager crowd. 5, frohe Tafel, merry banquet. 6, rauschend, revelling.

Und im Saale wogen heiter
Die geschmückten Menschenwellen,
Und die lauten Pauken wirbeln,
Und es schmettern die Drommeten.[1]

„Doch warum, o schöne Herrin,
Sind gerichtet deine Blicke
Dorthin nach der Saalesecke?“[2]
So verwundert sprach der Ritter.

„Siehst du denn nicht, Don Fernando,
Dort den Mann im schwarzen Mantel?“
Und der Ritter lächelt freundlich:
„Ach! das ist ja nur ein Schatten.“

Doch es nähert sich der Schatten,
Und es war ein Mann im Mantel;
Und Ramiro schnell erkennend,
Grüßt ihn Clara, gluthbefangen.[3]

Und der Tanz hat schon begonnen,
Munter drehen sich die Tänzer
In des Walzers wilden Kreisen,
Und der Boden dröhnt und bebet.

„Wahrlich gerne, Don Ramiro,
Will ich dir zum Tanze folgen,
Doch im nächtlich schwarzen Mantel
Hättest du nicht kommen sollen.“

Mit durchbohrend stieren Augen
Schaut Ramiro auf die Holde,

---

1, Drommeten for Trompeten. 2, Saalesecke, corner of the hall. 3, gluthbefangen, confused and blushing.

Sie umschlingend spricht er düster:
„Sprachest ja ich sollte kommen!"

Und in's wirre Tanzgetümmel [1]
Drängen sich die beiden Tänzer;
Und die lauten Pauken wirbeln,
Und es schmettern die Drommeten.

„Sind ja [2] schneeweiß deine Wangen!"
Flüstert Clara heimlich zitternd. [3]
„Sprachest ja, ich sollte kommen!"
Schallet dumpf Ramiro's Stimme.

Und im Saal die Kerzen blinzeln
Durch das fluthende Gedränge;
Und die lauten Pauken wirbeln,
Und es schmettern die Drommeten.

„Sind ja eiskalt deine Hände!"
Flüstert Clara, schauerzuckend. [4]
„Sprachest ja, ich sollte kommen!"
Und sie treiben fort im Strudel. [5]

„Laß mich, laß mich! Don Ramiro!
Leichenduft ist ja dein Odem!" [6]
Wiederum die dunklen Worte:
„Sprachest ja, ich sollte kommen!"

Und der Boden raucht und glühet,

---

1, wirre Tanzgetümmel, wild tumult of the dance. 2, ja, so. 3, heimlich zitternd, shuddering inwardly. 4, schauerzuckend, with horror gasping. 5, und....Strudel, and they dash away in the whirlpool. 6, Leichenduft ist ja dein Odem, corpse-like is indeed thy breath.

Lustig tönet Geig' und Bratsche;
Wie ein tolles Zauberweben,[1]
Schwindelt[2] alles in dem Saale.

„Laß mich, laß mich! Don Ramiro!"
Wimmert's immer[3] im Gewoge.
Don Ramiro stets erwiedert:
„Sprachest ja ich sollte kommen!"

„Nun so geh in Gottesnamen!"
Clara rief's mit fester Stimme,
Und dies Wort war kaum gesprochen,
Und verschwunden war Ramiro.

Clara starret,[4] Tod im Antlitz,
Kaltumflirret, nachtumwoben;[5]
Ohnmacht hat das lichte Bildniß[6]
In ihr dunkles Reich gezogen.

Endlich weicht der Nebelschlummer,[7]
Endlich schlägt sie auf die Wimper;
Aber Staunen will aufs neue
Ihre holden Augen schließen.

---

1, tolles Zauberweben, **maddening magic-twining.** 2, schwindelt, **whirl.** 3, wimmert's immer, **it continues groaning; IT, alludes of course to Donna Clara;** es **applied to living beings has too often been referred to, as to require any more explanation.** 4, starret for e r s t a r r e t, **is chilled.** 5, kaltumflirret, nachtumwoben, **(nothing can be more graphic poetically expressed, than this description of the state into which the bride is thrown by her deadly terror), "shivering with cold that surrounds her, and night weaving around her".** 6, lichte Bildniß, **fair form.** 7, Nebelschlummer, **cloud-slumber i. e. trance.**

Denn derweil der Tanz begonnen
War sie nicht vom Sitz gewichen,
Und sie sitzt noch bei dem Bräut'gam,
Und der Ritter sorgsam bittet:

„Sprich, was bleichet deine Wangen?
Warum wird dein Aug' so dunkel?—"
„Und Ramiro? — — —" stottert Clara,
Und Entsetzen lähmt die Zunge.

Doch mit tiefen, ernsten Falten
Furch't sich jetzt des Bräut'gams Stirne:
„Herrin, forsch' nicht blut'ge Kunde,—
Heute Mittag starb Ramiro."

---

## Zwei Brüder.

Oben auf der Bergesspitze
Liegt das Schloß in Nacht gehüllt;
Doch im Thale leuchten Blitze,
Helle Schwerter klirren wild.

Das sind Brüder, die dort fechten
Grimmen Zweikampf wuthentbrannt.[1]
Sprich, warum die Brüder rechten[2]
Mit dem Schwerte in der Hand?

---

1, wuthentbrannt, burning with rage. 2, rechten, quarrel.

Gräfin Laura's Augenfunken [1]
Zündeten den Brüderstreit!
Beide glühen liebestrunken
Für die adlig holde Maid.

Welchem aber von den beiden
Wendet sich [2] ihr Herze zu?
Kein Ergrübeln [3] kann's entscheiden, —
Schwert heraus, entscheide du!

Und sie fechten kühn verwegen, [4]
Hieb' auf Hiebe niederkracht's. [5]
Hütet euch, [6] ihr wilden Degen,
Böses Blendwerk [7] schleicht des Nachts.

Wehe! Wehe! blut'ge Brüder!
Wehe! Wehe! blut'ges Thal!
Beide Kämpfer stürzen nieder,
Einer in des andern Stahl. —

Viel' Jahrhunderte verwehen,
Viel' Geschlechter deckt das Grab;
Traurig von des Berges Höhen
Schaut das öde Schloß herab.

---

1, Augenfunken, **sparkling eyes.** 2, wendet sich zu, **inclines, turns to.** 3, Ergrübeln, **searching.** 4, verwegen, **madly.** 5, niederkracht's, **it crashes down.** 6, Hütet euch, **beware!** 7, Blendwerk, **spells.**

Aber Nachts, im Thalesgrunde,[1]
Wandelt's heimlich, wunderbar,
Wenn da kommt die zwölfte Stunde,
Kämpfet dort das Brüderpaar.

---

## Die Grenadiere.

Nach Frankreich zogen zwei Grenadier',
Sie waren in Rußland gefangen,
Und als sie kamen ins deutsche Quartier,[2]
Sie ließen die Köpfe hangen.

Da hörten sie beide die traurige Mähr:
Daß Frankreich verloren gegangen,
Besiegt und zerschlagen[3] das tapfere Heer,
Und der Kaiser, der Kaiser gefangen.

Da weinten zusammen die Grenadier'
Wohl ob[4] der kläglichen Kunde.
Der Eine sprach: „Wie weh wird mir,
Wie brennt meine alte Wunde!"

Der Andre sprach: Das Lied ist aus,
Auch ich möcht' mit dir sterben,
Doch hab' ich Weib und Kind zu Haus,
Die ohne mich verderben. —

---

1, Thalesgrunde, bottom of the dale. 2, Quartier, land. 3, zerschlagen, scattered. 4, wohl ob, on account of.

„Was scheert mich [1] Weib, was scheert mich Kind,
Ich trage weit bess'res Verlangen; [2]
Laß sie betteln gehn, wenn sie hungrig sind,—
Mein Kaiser, mein Kaiser gefangen!

Gewähr' mir Bruder eine Bitt':
Wenn ich jetzt sterben werde,
So nimm meine Leiche nach Frankreich mit,
Begrab' mich in Frankreichs Erde.

Das Ehrenkreuz [3] am rothen Band
Sollst du auf's Herz mir legen;
Die Flinte gieb mir in die Hand,
Und gürt' mir um den Degen.

So will ich liegen und horchen still,
Wie eine Schildwach, im Grabe,
Bis einst ich höre Kanonengebrüll, [4]
Und wiehernder Rosse Getrabe.

Dann reitet mein Kaiser wohl über mein Grab,
Viel Schwerter klirren und blitzen;
Dann steig' ich gewaffnet hervor aus dem Grab', —
Den Kaiser, den Kaiser zu schützen."

---

1, was scheert mich, what care I. 2, ich....verlangen, I have a much loftier desire. 3, Ehrenkreuz, cross of honor. 4, Kanonengebrüll, roar of cannon.

## THE LORE LEY.

**According to an ancient legend, a witch, who in the form of a lovely maiden used to sit on a remarkable rock on the Rhine, called the Loreleiberg, and by her magic songs arresting the attention of the boatmen, lured them into the neighboring whirlpool, where they were lost.**

### Die Lore Lei.

Ich weiß nicht, was soll es bedeuten, [1]
Daß ich so traurig bin;
Ein Mährchen aus alten Zeiten
Das kommt mir nicht aus dem Sinn; [2]
Die Luft ist kühl und es dunkelt,
Und ruhig fließet der Rhein;
Der Gipfel des Berges funkelt
Im Abendsonnenschein.

Die schönste der Jungfrauen sitzet
Dort oben wunderbar.
Ihr gold'nes Geschmeide blitzet,
Sie kämmt ihr goldenes Haar;
Sie kämmt es mit goldenem Kamme.
Und singt ein Lied dabei; [3]
Und das hat eine wundersame,
Gewaltige Melodei. [4]

Den Schiffer im kleinen Schiffe
Ergreift es mit wildem Weh;

---

1, was soll es bedeuten, what it means. 2, das......Sinn, (it will not leave my mind) I cannot forget it. 3, dabei, in doing so. 4, Melodei (poet.) for Melodie.

Er schaut nicht die Felsenriffe,
Er schaut nur hinauf in die Höh'.
Ich glaube die Wellen verschlingen
Am Ende gar Schiffer und Kahn;
Und das hat mit ihrem Singen
Die Loreley gethan.

---

## Die Wallfahrt nach Kevlaar.

### 1.

Am Fenster stand die Mutter,
Im Bette lag der Sohn.
„Willst du nicht aufsteh'n, Wilhelm,
Zu schau'n die Prozession?" —

„Ich bin so krank, o Mutter,
Daß ich nicht hör' und seh';
Ich denk' an das todte Gretchen,[1]
Da thut das Herz mir weh." —

„Steh' auf, wir wollen nach Kevlaar,
Nimm Buch und Rosenkranz;
Die Mutter Gottes heilt dir
Dein krankes Herze ganz."

Es flattern die Kirchenfahnen,
Es singt im Kirchenton;[2]

1, Gretchen, Margaret. 2, Kirchenton, church-tune.

Das ist zu Cöllen [1] am Rheine,
Da geht die Prozession.

Die Mutter folgt der Menge,
Den Sohn, den führet sie,
Sie singen beide im Chore:
Gelobt sei'st du, Marie!

---

2.

Die Mutter Gottes zu Kevlaar
Trägt heut' ihr bestes Kleid;
Heut' hat sie viel zu schaffen,
Es kommen viel kranke Leut'.

Die kranken Leute bringen
Ihr dar, als Opferspend', [2]
Aus Wachs gebildete Glieder,
Viel wächserne Füß' und Händ'.

Und wer eine Wachshand opfert,
Dem heilt an der Hand die Wund';
Und wer einen Wachsfuß opfert,
Dem wird der Fuß gesund.

Nach Kevlaar ging Mancher auf Krücken,
Der jetzo tanzt auf dem Seil',
Gar Mancher spielt jetzt die Bratsche, [3]
Dem dort kein Finger war heil.

---

1, Cöllen for Köln, Cologne. 2, Opferspend', votive gifts.
3, Bratsche, viol.

Die Mutter nahm ein Wachslicht,
Und bildete d'raus ein Herz.
„Bring' das der Mutter Gottes,
Dann heilt sie deinen Schmerz."

Der Sohn nahm seufzend das Wachsherz,
Ging seufzend zum Heiligenbild;
Die Thräne quillt aus dem Auge,
Das Wort aus dem Herzen quillt:

„Du Hochgebenedeite,[1]
Du reine Gottesmagd,
Du Königin des Himmels,
Dir sei mein Leid geklagt!

„Ich wohnte mit meiner Mutter
Zu Cöllen in der Stadt,
Der Stadt, die viele hundert
Kapellen und Kirchen hat.

„Und neben uns wohnte Gretchen,
Doch die ist todt jetzund —[2]
Marie, dir bring' ich ein Wachsherz,
Heil' du meine Herzenswund'.

„Heil' du mein krankes Herze,
Ich will auch spät und früh
Inbrünstiglich beten und singen:
Gelobt sei'st du, Marie."

---

1, Hochgebenedeite, most highly Blessed. 2, jetzund, (obs.) for jetzt.

3.

Der kranke Sohn und die Mutter,
Die schliefen im Kämmerlein;
Da kam die Mutter Gottes
Ganz leise geschritten herein.

Sie beugte sich über den Kranken,
Und legte ihre Hand
Ganz leise auf sein Herze,
Und lächelte mild und schwand.

Die Mutter schaut Alles im Traume,
Und hat noch mehr geschaut;
Sie erwachte aus dem Schlummer,
Die Hunde bellten so laut.

Da lag dahingestrecket
Ihr Sohn, und der war todt;
Es spielt auf den bleichen Wangen
Das lichte Morgenroth.

Die Mutter faltet die Hände,
Ihr war, sie wußte nicht wie;
Andächtig sang sie leise:
Gelobt sei'st du, Marie!

# Sonett.

## An meine Mutter, B. Heine,

geb. von Geldern.

Ich bin's gewohnt den Kopf recht hoch zu tragen,
Mein Sinn ist auch ein bischen starr und zähe;
Wenn selbst der König mir in's Antlitz sähe,
Ich würde nicht die Augen niederschlagen.
Doch, liebe Mutter, offen will ich's sagen:
Wie mächtig auch mein stolzer Muth sich blähe,
In deiner selig süßen, trauten Nähe
Ergreift mich oft ein demuthvolles Zagen.[1]
Ist es dein Geist, der heimlich mich bezwinget,
Dein hoher Geist, der Alles kühn durchdringet
Und blitzend sich zum Himmelslichte schwinget?
Quält mich Erinnerung, daß ich verübet
So manche That, die dir das Herz betrübet,
Das schöne Herz, das mich so sehr geliebet?

---

# Lieder.

## 1.

Und wüßten's die Blumen, die kleinen,
Wie tief verwundet mein Herz,
Sie würden mit mir weinen,
Zu heilen meinen Schmerz.

---

1, Zagen, diffidence.

Und wüßten's die Nachtigallen,
Wie ich so traurig und krank,
Sie ließen fröhlich erschallen
Erquickenden Gesang.

Und wüßten sie mein Wehe,
Die goldnen Sternelein,
Sie kämen aus ihrer Höhe,
Und sprächen Trost mir ein.

Die alle können's nicht wissen,
Nur Eine kennt meinen Schmerz:
Sie hat ja selbst zerrissen,
Zerrissen mir das Herz.

---

## 2.

Mein Kind, wir waren Kinder,
Zwei Kinder, klein und froh;
Wir krochen in's Hühnerhäuschen [1]
Und steckten uns unter das Stroh.

Wir krähten wie die Hähne,
Und kamen Leute vorbei —
Kikeriküh! sie glaubten,
Es wäre Hahnengeschrei.

---

1, Hühnerhäuschen, hen-coop.

Die Kisten auf unserem Hofe,
Die tapezirten wir aus, [1]
Und wohnten drin beisammen,
Und machten ein vornehmes Haus.

Des Nachbars alte Katze
Kam öfters zum Besuch;
Wir machten ihr Bückling' und Knixe,
Und Complimente genug.

Wir haben nach ihrem Befinden
Besorglich und freundlich gefragt;
Wir haben seitdem dasselbe
Mancher alten Katze gesagt.

Wir saßen auch oft und sprachen
Vernünftig, wie alte Leut',
Und klagten, wie Alles besser
Gewesen zu unserer Zeit;

Wie Lieb' und Treu' und Glauben
Verschwunden aus der Welt,
Und wie so theuer der Kaffee,
Und wie so rar das Geld! — — —

Vorbei sind die Kinderspiele,
Und Alles rollt vorbei, —
Das Geld und die Welt und die Zeiten,
Und Glauben und Lieb' und Treu'.

---

1, tapezirten wir aus, we papered.

3.

Ich rief den Teufel und er kam,
Und ich sah ihn mit Verwund'rung an.
Er ist nicht häßlich und ist nicht lahm,
Er ist ein lieber scharmanter Mann.
Ein Mann in seinen besten Jahren,
Verbindlich und höflich und welterfahren.
Er ist ein gescheuter Diplomat,
Und spricht recht schön über Kirch' und Staat.
Blaß ist er etwas, doch ist es kein Wunder,
Sanskritt und Hegel studirt er jetzunder. [1]
Sein Lieblingspoet ist noch immer Fouqué.
Doch will er nicht mehr mit Kritik sich befassen, [2]
Die hat er jetzt gänzlich überlassen
Der theuren Großmutter Hekate.
Er lobte mein juristisches Streben, [3]
Hat früher sich auch damit abgegeben. [4]
Er sagte, meine Freundschaft sei
Ihm nicht zu theuer, und nickte dabei,
Und frug ob wir uns früher nicht
Schon einmal gesehn bei'm span'schen Gesandten?
Und als ich recht besah sein Gesicht,
Fand ich in ihm einen alten Bekannten.

---

1, jetzunder (obs.) for jetzt. 2, sich befassen, have to do. 3, juristisches Streben, law-studies. 4, hat sich abgegeben, had something to do.

4.

Freundschaft, Liebe, Stein der Weisen,
Diese dreie hört' ich preisen,
Und ich pries und suchte sie,
Aber ach! ich fand sie nie.

---

## Zur Beruhigung.

Wir schlafen ganz wie Brutus schlief —
Doch jener erwachte und bohrte tief
In Cäsar's Brust das kalte Messer!
Die Römer waren Tyrannenfresser.[1]

Wir sind keine Römer, wir rauchen Tabak;
Ein jedes Volk hat seinen Geschmack,
Ein jedes Volk hat seine Größe!
In Schwaben kocht man die besten Klöße.[2]

Wir sind Germanen, gemüthlich und brav,
Wir schlafen gesunden Pflanzenschlaf,
Und wenn wir erwachen, pflegt uns zu dürsten,[3]
Doch nicht nach dem Blute unserer Fürsten.

Wir sind so treu wie Eichenholz,
Auch Lindenholz, drauf sind wir stolz;
Im Land der Eichen und der Linden
Wird niemals sich ein Brutus finden.

1, Tyrannenfresser, devourers of tyrants. 2, Klöße, dumplings. 3, pflegt uns zu dürsten, we are wont to be thirsty.

Und wenn auch ein Brutus unter uns wär',
Den Cäsar fänd' er nimmermehr,
Vergeblich würd' er den Cäsar suchen;
Wir haben gute Pfefferkuchen.

Wir haben sechs und dreißig Herr'n,
(Ist nicht zu viel!) und einen Stern
Trägt jeder schützend auf seinem Herzen,
Und er braucht nicht zu fürchten die Ideen des Merzen.[1]

Wir nennen sie Väter, und Vaterland
Benennen wir dasjenige Land,
Das erbeigenthümlich [2] gehört den Fürsten;
Wir lieben auch Sauerkraut mit Würsten.

Wenn unser Vater spazieren geht,
Zieh'n wir den Hut mit Pietät;
Deutschland, die fromme Kinderstube,
Ist keine römische Mördergrube.

---

## Verkehrte Welt.

Das ist ja die verkehrte Welt,
Wir gehen auf den Köpfen!
Die Jäger [3] werden dutzendweis'
Erschossen von den Schnepfen.

---

1, Die Ideen des Merzen, revolutionary ideas. 2, erbeigenthümlich, by ancient inheritance. 3, Jäger has two meanings, HUNTER and RIFLEMAN OF THE ARMY. The poet makes a hit at the useless wars of the continent.

Die Kälber braten jetzt den Koch,
Auf Menschen reiten die Gäule;
Für Lehrfreiheit [1] und Rechte des Lichts
Kämpft die katholische Eule.

Der Häring wird ein Sansküllott, [2]
Die Wahrheit sagt uns Bettine, [3]
Und ein gestiefelter Kater [4] bringt
Den Sophokles auf die Bühne.

Ein Affe läßt ein Pantheon [5]
Erbauen für deutsche Helden.
Der Maßmann [6] hat sich jüngst gekämmt,
Wie deutsche Blätter melden.

Germanische Bären glauben nicht mehr
Und werden Atheisten;
Jedoch die französischen Papagei'n,
Die werden gute Christen.

Im uckermärkschen [7] Moniteur
Da hat man's am tollsten getrieben: [8]
Ein Todter hat dem Lebenden dort
Die schnödeste Grabschrift geschrieben. [9]

---

1, Lehrfreiheit, the liberty of publicly teaching what one likes. 2, Sansküllott, Jacobin, rioter. 3, Bettine v. Arnim. 4, gestiefelter Kater, "Puss in Boots" (a hit at Ludw. Tieck who wrote this). 5, The WALHALLA in Bavaria. 6, Prof. Hans Ferd. Massmann in Berlin, well known as a literary and somewhat excentric man. 7, uckermärkschen, the Uckermark, a circle in Prussia, is renowned for its servile loyalty to the royal house, it is "The Prussian Vendée", and therefore disliked by the Liberals. 8, da......getrieben, there they have it carried on most madly. 9, geschrieben, refers to an open LOYAL letter, written by somebody there, who signed himself "A DEAD MAN".

Laßt uns nicht schwimmen gegen den Strom,
Ihr Brüder! Es hilft uns wenig!
Laßt uns besteigen den Templower Berg[1]
Und rufen: es lebe der König!

---

1. Templower Berg, a slight eminence in the level environs of Berlin, jocosely called a MOUNTAIN.

## Karl Theodor Körner,

the beloved poet-hero of Germany, was born at Dresden, Saxony, Sept. 23, 1791. He was a young man of a fiery and noble spirit, and showed at a very early age, a great predilection for poetry and music. He studied first at the Mining-Academy in Freiberg, and at the age of 19, he entered the University of Leipzig. Being embroiled in disputes which led to a duel, he was compelled to quit Leipzig, and he went to Vienna to finish his studies. His favorite pursuits were the fine arts; he also wrote for the stage — at first comedies and farces — so that his name became first known from the Austrian capital. His tragedy "ZRINY", THE HUNGARIAN LEONIDAS, created great sensation. It was represented at the imperial theatre, and in consequence he was appointed Poet Laureate to the Emperor. Many of his lyrics date from that period. When in 1813, the King of Prussia made his renowned appeal: TO MY PEOPLE, he hastened northwards, and entered the celebrated Lützow's corps in the ensuing war against Napoleon. In the battle of Kitzen he was severely wounded, but on being recovered, he joined his corps at Berlin, received a lieutenant's commission, and fought with signal courage in several other battles. On the 26th of August 1813, he fell in a skirmish, and was buried under an old oak, near the village of Wobbelin in Mecklenburg, where a monument has been raised to his memory, and where in 1863, thousands of Germans from all parts of the Empire, gathered to celebrate the 50th anniversary of the death of the lamented hero, who shed his blood for his country's freedom, and by his patriotic songs and example fired the hearts of his fellow-men to do likewise. C. J. Brooks very appropriately remarks: To him might be well applied, with a little variation, part of the language in which Shakespeare describes his Hamlet:

> "O, what a noble mind is here! ....
> The MINSTREL's, soldier's, scholar's eye, tongue, sword!"

Koerner's lyrical poems are: "Knospen" (Buds), "Leier und

Schwerdt" (Lyre and Sword); his principal dramas: "Zriny", "Rosamund" etc. His collected works were published in Berlin, 1838, sec. edit. 1842; reprinted in Philadelphia, 1853, by Weik and Wieck. G. F. Richardson translated them into English, London 1827.

## HARRAS, THE BOLD SPRINGER.

### A Ballad.

An ancient legend relates the daring deed of this noble knight, and to this date, the spot is shown near Lichtewalde in the Saxon Erzgebirge, which is called the "Harrassprung". Opposite to the steep rocky wall stands now, between two venerable old oak-trees, a monument bearing the inscription: „Ritter Harras, der kühne Springer."

### Harras, der kühne Springer.

Noch harrte im heimlichen Dämmerlicht
Die Welt dem Morgen entgegen,
Noch erwachte die Erde vom Schlummer nicht,
Da begann sich's im Thale zu regen.
Und es klingt herauf wie Stimmengewirr,[1]
Wie flüchtiger Hufschlag und Waffengeklirr,
Und tief aus dem Wald zum Gefechte
Sprengt ein Fähnlein gewappneter Knechte.

Und vorbei mit wildem Ruf fliegt der Troß,
Wie Brausen des Sturms und Gewitter,
Und voran auf feurig schnaubendem Roß
Der Harras, der muthige Ritter.
Sie jagen, als gält es[2] dem Kampf um die Welt,
Auf heimlichen Wegen durch Flur und Feld,
Den Gegner noch heut zu erreichen,
Und die feindliche Burg zu besteigen.

---

1, Stimmengewirr, confused voices. 2, als gält' es, as if it were for.

So stürmen sie fort in des Waldes Nacht,
Durch den fröhlich aufglühenden [1] Morgen;
Doch mit ihm ist auch das Verderben erwacht,
Es lauert nicht länger verborgen:
Denn plötzlich bricht aus dem Hinterhalt
Der Feind mit doppelt stärk'rer Gewalt,
Das Hüfthorn ruft furchtbar zum Streite
Und die Schwerter entfliegen der Scheide.

Wie der Wald dumpf donnernd wiederklingt
Von ihren gewaltigen Streichen!
Die Schwerter klingen, der Helmbusch [2] winkt,
Und die schnaubenden Rosse steigen. [3]
Aus tausend Wunden strömt schon das Blut,
Sie achten's [4] nicht in des Kampfes Gluth,
Und Keiner will sich ergeben.
Denn Freiheit gilt's [5] oder Leben.

Doch dem Häuflein des Ritters wankt [6] endlich die Kraft,
Der Uebermacht muß es erliegen.
Das Schwert hat die Meisten hinweggerafft:
Die Feinde, die mächtigen, siegen.
Unbezwingbar nur, eine Felsenburg,
Kämpft Harras noch, und schlägt sich durch, [7]
Und sein Roß trägt den muthigen Streiter
Durch die Schwerter der feindlichen Reiter.

---

1, aufglühenden, **up-glowing.** 2, Helmbusch, **plume (of the helmet.)** 3, steigen, **rear.** 4, sie achten's nicht, **they care not for it.** 5, gilt's, **it is.** 6, wankt, **gives way.** 7, schlägt sich durch, **cuts his way through (the enemy).**

Und er jagt zurück in des Waldes Nacht,
Jagt irrend durch Flur und Gehege;
Denn flüchtig hat er des Weges nicht Acht,
Er verfehlt die kundigen Stege.
Da hört er die Feinde hinter sich drein,[1]
Schnell lenkt er tief in den Forst hinein,
Und zwischen den Zweigen wird's helle,
Und er sprengt zu der lichteren Stelle.[2]

Da hält er auf steiler Felsenwand,
Hört unten die Wogen brausen.
Er steht an des Zschopauthals[3] schwindelndem Rand,
Und blickt hinunter mit Grausen.
Aber drüben auf waldigen Bergeshöh'n,
Sieht er seine schimmernde Feste stehn:
Sie blickt ihm freundlich entgegen,
Und sein Herz pocht in lauteren Schlägen.

Ihm ist's, als ob's ihn hinüberrief',
Doch es fehlen ihm Schwingen und Flügel,
Und der Abgrund, wohl fünfzig Klaftern[4] tief,
Schreckt das Roß, es schäumt in den Zügel;
Und mit Schaudern denkt er's,[5] und blickt hinab,
Und vor sich und hinter sich sieht er sein Grab;
Er hört, wie von allen Seiten
Ihn die feindlichen Schaaren umreiten.[6]

---

1, drein, omit., merely to emphasize hinter sich. 2, lichteren Stelle, clearing. 3, Zschopau-Thal, the valley of the river Zschopau. 4, Klaftern, fathoms. 5, denkt er's, instead of bedenkt, he considers. 6, umreiten, surround.

Noch sinnt er, ob Tod aus Feindes Hand,
Ob Tod in den Wogen er wähle.
Dann sprengt er vor an die Felsenwand,
Und befiehlt dem Herrn seine Seele;
Und näher schon hört er der Feinde Troß,
Aber scheu vor dem Abgrund bäumt sich das Roß
Doch er spornt 's, daß die Fersen bluten,
Und er setzt hinab [1] in die Fluthen.

Und der kühne, gräßliche Sprung gelingt,
Ihn beschützen höh're Gewalten;
Wenn auch das Roß zerschmettert versinkt,
Der Ritter ist wohl erhalten;
Und er theilt die Wogen mit kräftiger Hand
Und die Seinen steh'n an des Ufers Rand,
Und begrüßen freudig den Schwimmer. —
Gott verläßt den Muthigen nimmer.

---

## Mein Vaterland.

Wo ist des Sängers Vaterland? —
Wo edler Geister Funken sprühten,[2]
Wo Kränze für das Schöne blühten,
Wo starke Herzen freudig glühten,
Für alles Heilige entbrannt. —
Da war mein Vaterland!

---

1, setzt hinab, springs down. 2, Funken sprühten, sparks flew.

Wie heißt des Sängers Vaterland? —
Jetzt [1] über seiner Söhne Leichen,
Jetzt weint es unter fremden Streichen;
Sonst hieß es nur das Land der Eichen,
Das freie Land, das deutsche Land!
So hieß mein Vaterland!

Was [2] weint des Sängers Vaterland?
Daß vor des Wüthrichs Ungewittern [3]
Die Fürsten seiner Völker zittern,
Daß ihre heil'gen Worte [4] splittern, [5]
Und daß sein Ruf kein Hören fand.
Drum weint mein Vaterland!

Wem ruft des Sängers Vaterland? —
Es ruft nach den verstummten Göttern,
Mit der Verzweiflung Donnerwettern [6]
Nach seiner Freiheit, seinen Rettern,
Nach der Vergeltung Rächerhand. [7]
Dem ruft mein Vaterland!

Was will des Sängers Vaterland?
Die Knechte will es niederschlagen,
Den Bluthund aus den Grenzen jagen,
Und frei die freien Söhne tragen,
Oder frei sie betten unter'm Sand.
Das will mein Vaterland!

---

1, Jetzt, supply weint es from the following line. 2, was, for warum, very often so used. 3, Ungewittern, thunderbolts. 4, Worte, translate Versprechen. 5, splittern, break. 6, Donnerwettern, thunderstorms. 7, Vergeltung Rächerhand, avenging hand of retribution.

Und hofft des Sängers Vaterland?
Es hofft auf die gerechte Sache,
Hofft, daß sein treues Volk erwache,
Hofft auf des großen Gottes Rache,
Und hat den Rächer nicht verkannt.
Drauf hofft mein Vaterland!

---

## Zur Nacht.

Gute Nacht!
Allen Müden sei's gebracht. [1]
Neigt der Tag sich still zum Ende,
Ruhen alle fleiß'gen Hände,
Bis der Morgen neu erwacht.
Gute Nacht!

Geh't zur Ruh',
Schließ't die müden Augen zu;
Stiller wird es auf den Straßen,
Und den Wächter hört man blasen,
Und die Nacht ruft allen zu:
Geh't zur Ruh'!

Schlummert süß!
Träum't euch euer Paradies.
Wem die Liebe raubt den Frieden,

---

1, gebracht, offered.

Sei ein schöner Traum beschieden,[1]
Als ob Liebchen[2] ihn begrüß'.
Schlummert süß!

Gute Nacht!
Schlummert, bis der Tag erwacht,
Schlummert, bis der neue Morgen
Kommt mit seinen neuen Sorgen,
Ohne Furcht;[3] der Vater wacht!
Gute Nacht!

---

## LUETZOW'S WILD CHASE.

**Written the 24th of April, 1813, on the Schneckenberg near Leipzig.**

### Lützow's wilde Jagd.

Was glänzt dort vom Walde im Sonnenschein?
Hör's[4] näher und näher brausen.
Es zieht sich herunter[5] in düsteren Reih'n,
Und gellende Hörner schallen darein[6]
Und erfüllen die Seele mit Grausen.
Und wenn ihr die schwarzen Gesellen fragt,[7]
Das ist Lützow's wilde verwegene Jagd. daring

---

1, beschieden, **allotted.** 2, Liebchen, **his love.** 3, ohne Furcht, **fear nothing.** 4, hör's, **supply** ich. 5, zieht sich herunter, **winds down.** 6, darein **means:** THROUGH **the noise of the trampling of the horses.** 7, fragt, **supply** wer sie seien? so antworten sie.

Was ziehet dort rasch durch den finsteren Wald,
  Was streifet von Bergen zu Bergen?
Es legt sich in nächtlichen Hinterhalt;
Das Hurrah jauchzt und die Büchse[1] knallt,
  Es fallen die fränkischen Schergen.[2]
Und wenn ihr die schwarzen Gesellen fragt,
Das ist Lützow's wilde verwegene Jagd.

Wo die Reben dort glühen, dort braus't der Rhein,
  Der Wüthrich geborgen[3] sich meinte;
Da naht es schnell mit Gewitterschein,[4]
Und wirft sich mit rüst'gen Armen hinein,[5]
  Und springt an's Ufer der Feinde.
Und wenn ihr die schwarzen Schwimmer fragt,
Das ist Lützow's wilde verwegene Jagd.

Was braus't dort im Thale die laute Schlacht,
  Was schlagen die Schwerter zusammen?
Wildherzige[6] Reiter schlagen die Schlacht,
Und der Funke der Freiheit ist glühend erwacht,
  Und lodert in blutigen Flammen.
Und wenn ihr die schwarzen Reiter fragt,
Das ist Lützow's wilde verwegene Jagd.

Wer scheidet[7] dort röchelnd vom Sonnenlicht,
  Unter winselnde Feinde gebettet?
Es zuckt der Tod auf dem Angesicht,

1, Büchse, **rifle.** 2, fränkischen Schergen, **French bloodhounds.** 3, geborgen, **safe.** 4, Gewitterschein, **thunderbolt.** 5, hinein, **into IT, i. e. the river Rhine.** 6, wildherzige, **boldhearted.** 7, scheidet, **takes farewell.**

Doch die wackern Herzen erzittern nicht,
Das Vaterland ist ja[1] gerettet!
Und wenn ihr die schwarzen Gefall'nen fragt,
Das war Lützow's wilde verwegene Jagd.

Die wilde Jagd und die deutsche Jagd,
Auf Henkers-Blut und Tyrannen!
Drum, die ihr uns liebt, nicht geweint und geklagt,
Das Land ist ja frei und der Morgen tagt,
Wenn wir's auch nur sterbend gewannen!
Und von Enkeln zu Enkeln sei's nachgesagt:[2]
Das war Lützow's wilde verwegene Jagd.

---

### Gebet während der Schlacht.

Vater, ich rufe dich!
Brüllend umwölkt[3] mich der Dampf der Geschütze,
Sprühend umzucken[4] mich rasselnde Blitze.
Lenker der Schlachten, ich rufe dich!
Vater, du führe mich!

Vater, du führe mich!
Führ' mich zum Siege, führ' mich zum Tode:
Herr, ich erkenne deine Gebote;
Herr, wie du willst, so führe mich!
Gott, ich erkenne dich!

---

1, ja, indeed. 2, nachgesagt, reported by tradition. 3, umwölkt, clouds around. 4, umzucken, flash around.

Gott, ich erkenne dich!
So im herbstlichen Rauschen der Blätter,
Als im Schlachten-Donnerwetter.[1]
Urquell der Gnade, erkenn' ich dich,
Vater, du segne mich!

Vater, du segne mich!
In deine Hände befehl' ich mein Leben,
Du kannst es nehmen, du hast es gegeben.
Zum Leben, zum Sterben segne mich!
Vater, ich preise dich!

Vater, ich preise dich!
's ist[2] ja kein Kampf für die Güter der Erde;
Das Heiligste schützen wir mit dem Schwerte:
Drum fallend und siegend preis' ich dich.
Gott, dir ergeb' ich mich!

Gott, dir ergeb' ich mich!
Wenn mich die Donner des Todes begrüßen,
Wenn meine Adern geöffnet fließen,
Dir, mein Gott, ergeb' ich mich!
Vater, ich rufe dich!

---

## VILLAGE HAMMER.

This little poem is the third of the series "Erinnerungen an Karlsbad". Carlsbad in Bohemia is celebrated for its hot

---

1, Schlachten-Donnerwetter, battle-thunder-storm. 2, 's ist, 'tis.

springs and picturesque environs, in which the little village of Hammer is situated. The village derives its name from the iron works (in German: HAMMER, EISENHAMMER or Eisenhütte) established there.

## Dorf Hammer.

Freundlich an dem Berggehänge[1]
In des Thales stiller Enge,
Freundlich, wie ich keines sah,
Liegt das liebe Dörfchen da.

Oben auf des Berges Höhen
Alte dunkle Fichten stehen,
Unten rauscht der Strom vorbei,
Und die Luft ist mild und frei.

Und ein reges, volles[2] Leben
Seh' ich Haus und Hof durchweben,[3]
In der Hütte[4] Tag für Tag
Rastet nicht des Hammers Schlag.

Und die hellen Funken sprühen
Und die Eisenstangen glühen;
Von des Wassers Sturz gefaßt
Tummelt sich der Räder Last.[5]

Aber nicht der Erde Sorgen
Will ich hier im Thal behorchen,
Nein, des Lebens Freud' und Lust
Komm' in meine junge Brust.

---

1, Berggehänge, mountain-slope. 2, volles, bustling. 3, durchweben, throng. 4, Hütte for Eisenhütte. 5, Räder Last, ponderous wheels.

Unter jenen dunkeln Bäumen
Läßt es sich gar lieblich träumen,
Aus des Thales Wiesenplan [1]
Weht der Friede still mich an.

---

## Poesie und Liebe.

Sonnett.

Der Sänger rührt der Leyer goldne Saiten,
Und in der Seele ist das Licht erwacht;
Es strahlt durch das gewalt'ge Reich der Nacht
Ein göttlich Licht zum Ohre aller Zeiten.

Ein Wesen nur vermag den Klang zu deuten,
Es nah't sich still in süßer Himmelspracht,
Und wie vom Götterhauche angefacht, [2]
Erglüht das Lied, die Wolken zu durchschreiten.

Da wogt ein üpp'ges Meer von Harmonieen,
Es schwebt das trunk'ne Lied im Strahlenflore [3]
Durch Lichtgefilde [4] einer ew'gen Klarheit.

Wo Lieb' und Dichtkunst in einander glühen,
Da öffnen sich des Himmels Rosenthore, [5]
Und aufwärts fliegt das Herz zur heil'gen Wahrheit.

---

1, Wiesenplan, meadow. 2, Und....angefacht, and as if blown by the breath of the gods. 3, Strahlenflore, flitting beams. 4, Lichtgefilde, fields of light. 5, Rosenthore, rosy gates.

## Letzter Trost.

**(An appeal to his brethren.)**

Was zieht ihr die Stirne [1] finster und kraus? [2]
Was starrt ihr wild in die Nacht hinaus,
  Ihr freien, ihr männlichen Seelen?
Jetzt heult der Sturm, jetzt braus't das Meer,
Jetzt zittert das Erdreich um uns her:
  Wir woll'n uns die Noth nicht verhehlen.

Die Hölle braus't auf in neuer Gluth, [3]
Umsonst ist geflossen viel edles Blut,
  Noch triumphiren die Bösen.
Doch nicht an der Rache des Himmels verzagt!
Es hat nicht vergebens blutig getagt:
  Roth muß ja der Morgen sich lösen. [4]

Und galt es früherhin [5] Muth und Kraft,
Jetzt alle Kräfte zusammengerafft! [6]
  Sonst [7] scheitert das Schiff noch im Hafen.
Erhebe dich, Jugend; der Tiger dräut! [8]
Bewaffne dich, Landsturm; [9] jetzt kommt deine Zeit!
  Erwache, du Volk, das geschlafen!

---

1, zieht die Stirne, **knit the brows.** 2, kraus, **sullen.** 3, Gluth, **fury.** 4, lösen, **redeem.** 5, galt es früherhin, **if ever before were needed.** 6, zusammengerafft, **gather up.** 7, sonst, **lest.** 8, dräut **(poet.) for** d r o h t. 9, Landsturm, **land-storm, the name for the second, and last class of militia in Germany, which is called to arms only in the greatest need; it consists of all males under 18 and above 60 years and of all those who are neither in the regular army, reserve or Landwehr (militia of the first class); in fact "Alle Mannen".**

Und die wir hier rüstig zusammen stehn,
Und keck dem Tod' in die Augen sehn,
Woll'n nicht vom Rechte lassen: [1]
Die Freiheit retten, das Vaterland,
Oder freudig sterben, das Schwert in der Hand,
Und Knechtschaft und Wüthriche hassen.

Das Leben gilt nichts, wo die Freiheit fällt.
Was giebt uns die weite unendliche Welt
Für des Vaterlands heiligen Boden? —
Frei woll'n wir das Vaterland wiedersehn,
Oder frei zu den glücklichen Vätern gehn!
Ja! glücklich und frei sind die Todten.

Drum heule, du Sturm, drum brause, du Meer,
Drum zittre, du Erdreich, um uns her;
Ihr sollt uns die Seele nicht zügeln!
Die Erde kann neben uns untergehn;
Wir woll'n als freie Männer bestehn,
Und den Bund mit dem Blute besiegeln.

---

### Abschied vom Leben.

Sonnett.

Die Wunde brennt; — die bleichen Lippen beben. —
Ich fühl's an meines Herzens matterm [2] Schlage,

1, nicht vom Rechte lassen, yield nothing of our rights.
2, matterm (compar. of m a t t) Schlag, fainter beating.

Hier steh' ich an den Marken [1] meiner Tage —
Gott, wie du willst! dir hab' ich mich ergeben. —
Viel goldne Bilder sah ich um mich schweben:
Das schöne Traumbild wird zur [2] Todtenklage. —
Muth! Muth! — Was ich so treu im Herzen trage,
Das muß ja doch [3] dort ewig mit mir leben! —
Und was ich hier als Heiligthum erkannte,
Wofür ich rasch und jugendlich entbrannte,
Ob ich's nun Freiheit, ob ich's Liebe nannte:
Als lichten Seraph seh' ich's vor mir stehen; —
Und wie die Sinne langsam mir vergehen,
Trägt mich ein Hauch zu morgenrothen [4] Höhen.

---

## Schwertlied.

(Composed a few hours before his death.)

Du Schwert an meiner Linken, [5]
Was soll [6] dein heit'res Blinken?
Schaust mich so freundlich an,
Hab' meine Freude dran. [7]
Hurrah! [8]

---

1, Marken, land marks, end. 2, wird zur, becomes a. 3, das muß ja doch dort, that surely must yonder (in heaven). 4, morgenrothen, auroral. 5, Linken, left side. 6, soll, supply bedeuten. 7, hab' ...... dran, I take delight in thee. 8, (Hurrah; at every "Hurrah" there must be a clattering of swords.)

„Mich trägt ein wackrer Reiter,
„Drum blink' ich auch so heiter,
„Bin freien Mannes Wehr;
„Das freut dem Schwerte sehr."
Hurrah!

Ja, gutes Schwert, frei bin ich,
Und liebe dich herzinnig,
Als wärst du mir getraut,
Als eine liebe Braut.
Hurrah!

„Dir hab' ich's ja ergeben,
„Mein lichtes Eisenleben.[1]
„Ach wären wir getraut!
„Wann holst du deine Braut?"
Hurrah!

Zur Brautnachts-Morgenröthe
Ruft festlich die Trompete;
Wenn die Kanonen schrei'n,
Hol' ich das Liebchen ein.[2]
Hurrah!

„O seliges Umfangen!
„Ich harre mit Verlangen.
„Du Bräut'gam, hole mich,
„Mein Kränzchen bleibt für dich."
Hurrah!

---

1, lichtes Eisenleben, bright iron-life. 2, hol' ich ein, I fetch.

Was klirrst du in der Scheide,
Du helle Eisenfreude,
So wild, so schlachtenfroh?[1]
Mein Schwert, was klirrst du so?
Hurrah!

„Wohl klirr' ich in der Scheide:
„Ich sehne mich zum Streite,
„Recht wild und schlachtenfroh.[1]
„Drum, Reiter, klirr' ich so."
Hurrah!

Bleib' doch im engen Stübchen.
Was willst du hier, mein Liebchen?
Bleib' still im Kämmerlein,
Bleib', bald hol' ich dich ein.
Hurrah!

„Laß mich nicht lange warten!
„O schöner Liebesgarten,
„Voll Röslein blutigroth,
„Und aufgeblühtem[2] Tod."
Hurrah!

So komm denn aus der Scheide,
Du Reiters Augenweide.[3]
Heraus, mein Schwert, heraus!
Führ' dich in's Vaterhaus.
Hurrah!

---

1, schlachtenfroh, joyous for battle. 2, aufgeblühtem, blooming. 3, Augenweide, feast.

„Ach herrlich ist's im Freien!
„Im rüst'gen Hochzeitreihen,[1]
„Wie glänzt im Sonnenstrahl
„So bräutlich hell der Stahl!"
Hurrah!

Wohlauf, ihr kecken Streiter,
Wohlauf, ihr deutschen Reiter!
Wird euch das Herz nicht warm,
Nehmt's Liebchen in den Arm.
Hurrah!

Erst that es an der Linken
Nur ganz verstohlen blinken;
Doch an die Rechte[2] traut
Gott sichtbarlich[3] die Braut.
Hurrah!

Drum drück't den liebeheißen[4]
Bräutlichen Mund von Eisen
An eure Lippen fest.
Fluch! wer die Braut verläßt!
Hurrah!

Nun laßt das Liebchen singen,
Daß helle Funken springen!
Der Hochzeitmorgen graut.[5] —
Hurrah, du Eisenbraut!
Hurrah!

---

1, rüst'gen Hochzeitreihen, quick bridal-dance. 2, Rechte, right hand. 3, sichtbarlich, visibly. 4, liebeheißen, burning with love. 5, graut, dawns.

# Gustav Schwab,

a Protestant ecclesiastical Councillor, in the Kingdom of Würtemberg, was born at Stuttgard, June 19, 1792, and died at the same place, Nov. 4, 1850. He studied philosophy and divinity at Tübingen, travelled through Northern Germany, and became intimately acquainted with Goethe. Uhland, Novalis, Fouqué, Heine, and other literary men, who encouraged him in his first attempt at poetry, published in Kerner's "Swabian Almanach" for 1812 and Uhlands " Deutschem Dichterwald". In 1817, he was called to the Chair of Ancient Literature at the Upper-Gymnasium in Stuttgard. His ballads and romances have gained him a high reputation, and among all the Swabian poets he stands nearest to Uhland.

## THE HORSEMAN AND THE LAKE OF CONSTANCE.

### A ballad.

This lake, usually called in Germany "Bodensee" or "Bodmansee", after the old castle "Bodmann", is situated on the borders of Germany and Switzerland. It has a length of 8 leagues, a width of 2 leagues, and in its deepest parts a depth of 964 feet. It happens but very rarely that it is entirely frozen over. The incident which forms the subject of this ballad, is said to have occurred during the winter of 1695.

### Der Reiter und der Bodensee.

Der Reiter reitet durch's helle Thal,
Auf Schneefeld schimmert der Sonne Strahl.
Er trabet im Schweiß durch den kalten Schnee,
Er will [1] noch heut an den Bodensee;

---

1, will, supply gelangen, to reach.

Noch heut mit dem Pferd in den sichern Kahn,
Will drüben landen vor Nacht noch an.
Auf schlimmem Weg, über Dorn und Stein,
Er braust [1] auf rüstigem Roß feldein.
Aus den Bergen heraus, in's ebene Land,
Da sieht er den Schnee sich dehnen, wie Sand.
Weit hinter ihm schwinden Dorf und Stadt,
Der Weg wird eben, die Bahn wird glatt.
In weiter Fläche kein Bühl,[3] kein Haus,
Die Bäume gingen, die Felsen aus;[4]
So flieget er hin, eine Meil', und zwei,
Er hört in den Lüften der Schneegans [5] Schrei;
Es flattert das Wasserhuhn empor,
Nicht anderen Laut vernimmt sein Ohr;
Keinen Wandersmann sein Auge schaut,
Der ihm den rechten Pfad vertraut.[6]
Fort geht's, wie auf Sammt, auf dem weichen Schnee,
Wann rauscht das Wasser, wann glänzt der See?
Da bricht der Abend, der frühe, herein;
Von Lichtern blinket ein ferner Schein.
Es hebt aus dem Nebel sich Baum an [7] Baum,
Und Hügel schließen den weiten Raum.
Er spürt auf dem Boden Stein und Dorn,
Dem Rosse giebt er den scharfen Sporn.
Und Hunde bellen empor am Pferd,
Und es winkt im Dorf ihm der warme Herd.

---

1, braust, (fig.) flies. 2, feldein, across the fields. 3, Bühl, hillock. 4, gingen aus, disappeared. 5, Schneegans, snow goose. 6, vertraut, (confides) points out. 7, an, by.

„Willkommen am Fenster, Mägdelein,
An den See, an den See, wie weit mag's sein?"
Die Maid sie staunet den Reiter an:[1]
„Der See liegt hinter dir und der Kahn.
Und deckt' ihn die Rinde von Eis nicht zu,[2]
Ich spräch', aus dem Nachen stiegest du."
Der Fremde schaudert, er athmet schwer:
„Dort hinten die Ebne, die ritt ich her!"
Da recket die Magd die Arm' in die Höh':
„Herr Gott! so rittest du über den See:
An den Schlund, an die Tiefe bodenlos
Hat gepocht des rasenden Hufes Stoß![3]
Und unter dir zürnten die Wasser nicht?
Nicht krachte hinunter[4] die Rinde dicht?
Und du wardst nicht die Speise der stummen Brut?
Der hungrigen Hecht' in der kalten Fluth?"
Sie rufet das Dorf herbei zu der Mähr',[5]
Es stellen die Knaben sich um ihn her,
Die Mütter, die Greise, die sammeln sich;
„Glückseliger Mann, ja, segne du dich!
Herein zum Ofen, zum dampfenden Tisch,
Brich mit uns das Brodt und iß vom Fisch!"
Der Reiter erstarret auf seinem Pferd,
Er hat nur das erste Wort gehört.
Es stocket sein Herz, es sträubt sich sein Haar,[6]

1, staunet an, **astonished, gazes at.** 2, deckt ihn nicht zu, **if it (the ferry-boat) were not covered by.** 3, rasenden Hufes Stoß, **mad blow of the hoof.** 4, nicht krachte hinunter, **did not break with a crash.** 5, zu der Mähr', **to (hear) the tale.** 6, es sträubt sich sein Haar, **his hair stood on end.**

Dicht hinter ihm grins't noch die grause Gefahr,
Es siehet sein Blick nur den gräßlichen Schlund,
Sein Geist versinkt in den schwarzen Grund.
Im Ohr ihm donnert's, wie krachend Eis,
Wie die Well' umrieselt ihn kalter Schweiß.[1]
Da seufzt er, da sinkt er vom Roß herab,
Da ward ihm [2] am Ufer ein trocken Grab.

---

## THE FISHERMAN'S HOUSE.

**The author in his work: "Der Bodensee nebst dem Rheinthale", mentions the incident upon which this ballad is based. In the year 1692, during a fierce gale and an almost imperceptible earthquake, the lakeshore at GOTTLIEBEN (a small place in the Canton of Thurgovia), was swallowed up by the waters, for a distance of three leagues, together with farm houses. It is believed that this stretch of land had been undermined by carps and trout.**

### Des Fischers Haus.

Sein Haus hat der Fischer gebaut,
Es stehet dicht an den Wellen;
In der blauen Fluth sich's beschaut,
Als spräch' es: wer kann mich fällen?[3]

Die Mauern, die sind so dicht,
Voll Korn und Wein die Räume;[4]
Es zittert das Sonnenlicht
Herunter durch Blüthenbäume.[5]

---

1, wie ...... Schweiß, **like water runs the sweat from him.** 2, da ward ihm, **supply** gegeben. 3, fällen, **(fell) level to the ground.** 4, Räume, **loft and cellar.** 5, Blüthenbäume, **blossoming trees.**

Und Reben winken herein
Von grünen, schirmenden Hügeln,
Die lassen den Nord[1] nicht ein,
Die umhaucht nur der West[2] mit den Flügeln.

Und am Ufer der Fischer steht,
Es spielt sein Netz mit den Wellen;
Umsonst ihr euch wendet und dreht,
Ihr Karpfen, ihr zarten Forellen!

Sein frevelnder Arm euch zieht
Im engen Garn ans Gestade;
Kein armes Fischlein entflieht,
Das kleinste[3] nicht findet Gnade.

Aufsteiget kein Wasserweib[4]
Euch zu retten, ihr Stillen, ihr Guten!
Und lockt mit dem seligen[5] Leib
Ihn hinab in die schwellenden Fluthen.

„Ich bin der Herrscher im See,
Ein König im Reiche der Wogen!"
So spricht er und schnellt in die Höh'[6]
Den schweren Angel[7] im Bogen.

Und euer Leben ist aus![8] —
Der Fischer mit frohem Behagen,

1, Nord, north wind. 2, West, west wind. 3, kleinste, supply selbst, even. 4, alludes to Goethe's "Fischer," page 8. 5, seligen, beautiful. 6, schnellt in die Höh' im Bogen, jerks up in a circle. 7, Angel, is fem. in German (the poet might have used it as well in this gender). 8, ist aus, aus sein, to be at end.

Er tritt an das stattliche Haus,
An den harten Stein euch zu schlagen.[1]

Er legt sich auf weichen Pfühl,
Von Gold und Beute zu träumen; —
O Nacht, so sicher und kühl,
Wo Hamen[2] und Angel säumen![3]

Da regt sich das Leben im Grund,[4]
Da wimmelt's von[5] Karpf' und Forelle,
Da nagt's mit geschäftigem Mund,
Und schlüpft unter's Ufer im Quelle.[6]

Und frühe beim Morgenroth
Der Fischer kommt mit den Flechten;[7]
Am Tage drohet der Tod,
Die Rache schafft[8] in den Nächten.

Von Jahr zu Jahr sie[9] nicht ruht,
Die Alten zeigen's den Jungen,
Bis daß die schweigende Fluth
Ist unter das Haus gedrungen;

Bis daß in sinkender Nacht,
Wo der Fischer träumt auf dem Pfühle
Das Haus, das gewaltige, kracht,
Versinkt in der Wogen Gewühle.

1, schlagen, kill. 2, Hamen, net. 3, säumen, rest. 4, da.. ..Grund, but life is astir in the deep. 5, von, with; wimmeln requires the prepos. von. 6. im Quelle, in the water. 7, Flechten, fish-baskets. 8, schafft, is at work. 9, sie, i. e. revenge (of the fishes).

Ausgießet sich Korn und Wein,
Es öffnet der See den Rachen,
Es schlingt den Mörder hinein,[1]
Er hat nicht Zeit zum Erwachen.

Die Gärten, die Bäume zugleich,
Sie schwinden, sie setzen sich nieder,[2]
Es spielen im freien Reich
Die Fische, die fröhlichen wieder.

---

## Das Gewitter.

Urahne,[3] Großmutter, Mutter und Kind
In dumpfer[4] Stube beisammen sind;
Es spielet das Kind, die Mutter sich schmückt,
Großmutter spinnet, Urahne gebückt
Sitzt hinter dem Ofen im Pfühl.[5] —
Wie wehen die Lüfte so schwül!

Das Kind spricht: „Morgen ist's Feiertag,
Wie will ich spielen im grünen Hag,[6]
Wie will ich springen durch Thal und Höh'n,
Wie will ich pflücken viel Blumen schön;
Dem Anger, dem bin ich hold!“[7] —
Hört ihr's, wie der Donner grollt?

---

1, schlingt hinein, swallows up. 2, sie setzen sich nieder, (they sit down), they sink to the bottom. 3, Urahne, great-grandmother. 4, dumpfer, sultry. 5, Pfühl, easy-chair. 6, Hag, (fig.) woods. 7, dem....hold, (with the dative) I love so much.

Die Mutter spricht: „Morgen ist's Feiertag,
Da halten wir alle fröhlich Gelag,
Ich selber, ich rüste[1] mein Feierkleid;[2]
Das Leben, es hat auch Lust nach Leid,
Dann scheint die Sonne wie Gold!" —
Hört ihr's wie der Donner grollt?

Großmutter spricht: „Morgen ist's Feiertag,
Großmutter hat keinen Feiertag,
Sie kochet das Mahl, sie spinnet das Kleid,
Das Leben ist Sorg' und viel Arbeit;
Wohl dem, der that, was er sollt'!"[3] —
Hört ihr's, wie der Donner grollt?

Urahne spricht: „Morgen ist's Feiertag,
Am liebsten morgen ich sterben mag;[4]
Ich kann nicht singen und scherzen mehr,
Ich kann nicht sorgen und schaffen schwer,
Was thu' ich noch auf der Welt?" —
Seht ihr, wie der Blitz dort fällt?

Sie hören's nicht, sie sehen's nicht,
Es flammet die Stube wie lauter Licht:[5]
Urahne, Großmutter, Mutter und Kind
Vom Strahl mit einander getroffen[6] sind
Vier Leben endet ein Schlag —
Und morgen ist's Feiertag.

---

1, rüste, **fit.** 2, Feierkleid, **holyday-dress.** 3, sollt, **supply** thun. 4, am liebsten ich mag, **most gladly would I.** 5. wie lauter Licht, **as (nothing but) a sea of light.** 6, getroffen, **struck.**

# August von Platen,

properly Count August von Platen-Hallermünde, was born at Ansbach in Bavaria, Oct. 24, 1796. After having served against the French, he studied at Erlangen and Würzburg, and soon became known as a poet. From 1827 he made Italy his home, and died Dec. 5, 1835, at Syracuse, Sicily, at the age of 39.

His complete works, prose and verse, were published at Stuttgart and Tuebingen, 1838—43.

## THE GRAVE IN THE BUSENTO.

Alarich I., King of the Visigoths, died in 410 A. D. at Cosenza in Italy, on a warlike expedition against the Romans. He was buried by his people with all his treasures in the bed of the river Busento, the waters of which they had drawn off for this purpose. The men who had performed the task were killed afterwards, that they might not betray the spot to the rapacious Romans.

### Das Grab im Busento.

Nächtlich am Busento lispeln, bei Cosenza, dumpfe Lieder,
Aus den Wassern schallt es Antwort, und in Wirbeln klingt es wieder.

Und den Fluß hinauf, hinunter, ziehn die Schatten tapfrer Gothen,
Die den Alarich beweinen, ihres Volkes besten Todten.

Allzufrüh und fern der Heimath mußten hier sie ihn begraben,
Während noch die Jugendlocken seine Schultern blond umgaben.[1]

Und am Ufer des Busento reihten sie sich um die Wette,
Um die Strömung[2] abzuleiten, gruben sie ein frisches Bette.

In der wogenleeren Höhlung[3] wühlten sie empor die Erde,
Senkten tief hinein den Leichnam, mit der Rüstung, auf dem Pferde.

Deckten dann mit Erde wieder ihn und seine stolze Habe,[4]
Daß die hohen Stromgewächse[5] wüchsen aus dem Heldengrabe.

Abgelenkt zum zweiten Male, ward der Fluß herbeigezogen:[6]
Mächtig in ihr altes Bette schäumten die Busentowogen.

Und es sang ein Chor von Männern: „Schlaf in deinen Heldenehren!
Keines Römers schnöde Habsucht soll dir ja das Grab versehren!"

Sangen's und die Lobgesänge tönten fort im Gothenheere;
Wälze sie, Busentowelle, wälze sie von Meer zu Meere!

---

1, umgaben, **flowed around.** 2, Strömung **for** Strom. 3, Wogenleere Höhlung, **drained bed.** 4, Stolze Habe, **immense wealth.** 5, Stromgewächse, **water plants.** 6, herbeigezogen, **led in again.**

## HARMOSAN.

**The Persian dynasty of the Sassanides (226—649 A. D.) ended with Jesdegerd III. the grandson of Chosru II. He was attacked by Calif Omar of Medina, beaten in several battles, and in 649, he was at last murdered on his flight over the Oxus.**

### Harmosan.

Schon war gesunken in den Staub der Sassaniden alter Thron,
Es plündert Moslemineuhand das schätzereiche Ktesiphon:
Schon langt am Oxus Omar an, nach manchem durchgekämpften Tag,
Wo Chosru's Enkel Jesdegerd auf Leichen eine Leiche lag.

Und als die Beute mustern ging Medina's Fürst auf weitem Plan,
Ward ein Satrap vor ihn geführt, er hieß mit Namen Harmosan;
Der letzte, der im Hochgebirg dem kühnen Feind sich widersetzt;
Doch ach, die sonst so tapfere Hand trug eine schwere Kette jetzt!

Und Omar blickt ihn finster an und spricht: Erkennst du nun, wie sehr
Vergeblich ist vor unserm Gott der Götzendiener Gegenwehr?
Und Harmosan erwiedert ihm: In deinen Händen ist die Macht,
Wer einem Sieger widerspricht, der widerspricht mit Unbedacht.

Nur eine Bitte wag' ich noch, abwägend [1] dein Geschick und meins:
Drei Tage focht ich ohne Trunk, laß reichen einen Becher Weins!
Und auf des Feldherrn leisen Wink steht ihm sogleich ein Trunk bereit;
Doch Harmosan befürchtet Gift und zaudert eine kleine Zeit.

Was zagst du? ruft der Saracen, nie täuscht ein Moslem seinen Gast,
Nicht eher sollst du sterben Freund, als bis du dies getrunken hast!
Da greift der Perser nach dem Glas, und, statt zu trinken, schleudert hart
Zu Boden er's auf einen Stein mit rascher Geistesgegenwart!

Und Omars Mannen stürzen schon mit blankem Schwerte [2] auf ihn heran,
Zu strafen ob der Hinterlist den allzuschlauen [3] Harmosan;
Doch wehrt der Feldherr ihnen ab, und spricht sodann: Er lebe fort! [4]
Wenn was auf Erden heilig ist, so ist es eines Helden Wort.

---

1, abwägend, (weighing) considering. 2, blankem Schwert, naked sword. 3, allzuschlauen, all-to-cunning 4, Er lebe fort, let him live!

## THE PILGRIM BEFORE ST. JUSTE.

**Charles V., Emperor of Germany, resigned the crown in 1556, in favor of his brother Ferdinand, and retired to the Cloister of St. Juste near Plasencia in Spain, were he lived as a monk to his end (1558). Many excentricities are reported of him; among others, that a month before his death, he had his burial services performed, lying in his open coffin, and using the coffin ever after for his bed.**

### Der Pilgrim vor St. Just.

Nachts ist's, und Stürme sausen für und für,
Hispanische Mönche, schließt mir auf die Thür!

Laßt hier mich ruhn, bis Glockenton mich weckt,
Der zum Gebet euch in die Kirche schreckt!

Bereitet mir, was euer Haus vermag,
Ein Ordenskleid und einen Sarkophag!

Gönnt mir die kleine Zelle, weiht mich ein;
Mehr als die Hälfte dieser Welt war mein.

Das Haupt, das nun der Scheere [1] sich bequemt,
Mit mancher Krone war's bediademt.[2]

Die Schulter, die der Kutte nun sich bückt,
Hat kaiserlicher Hermelin geschmückt.

Nun bin ich vor dem Tod den Todten gleich,[3]
Und fall' in Trümmer, wie das alte Reich.

---

1, der Scheere, to the tonsure. 2, bediademt, adorned. 3, Nun......gleich; because he was dead to the world.

# Ferdinand Freiligrath

was born at Detmold in the small German duchy Lippe-Detmold, on the 17th of June 1810. His father designed him for a merchant, and he was engaged in various commercial houses in Germany and Holland. Some poems of his appeared meanwhile in the "MINDEN ZEITUNG" and the "WESTPHÆLISCHES TASCHENBUCH", and the short poems which he published in the "DEUTSCHER DICHTERALMANACH" for 1835, turned the general attention towards him as a literary phenomenon. He settled in the romantic town of St. Goar, on the Rhine, where he led the true life of a poet, dividing his time between literary pursuits and his friends. King Fred. William IV. of Prussia gave him a small pension, which after a few years he declined, when his eyes were opened to the policy of the German rulers, especially to that of the Prussian King. He published his political creed in a manly way, for which he was condemned by many of his early friends, but welcomed with a shout of applause by the masses of the German people. From that time his personal freedom was threatened, and on that account he settled in England, and is now employed in one of the largest commercial houses in London.

The rising of the German people against their oppressors in 1848, fired our poet with enthusiasm, and many political poems date from that period, which, though not his best, sparkle with love for his native land and hatred to those who oppress it.

Freiligrath enjoys the friendship and esteem of our distinguished countryman Longfellow, who cordially invited him to America.

His complete works are published by Friedrich Gerhard in New York in 6 vols. 1858—59. This is the only complete edition, for part of his writings were confiscated and prohibited in Germany as revolutionary. They consist, besides his original poems, of translations from the English, French and Italian poets, of which I mention only "Coleridge's Ancient Mariner" and "Longfellow's Hiawatha."

## Der Mohrenfürst.

1.

Sein Heer durchwogte [1] das Palmenthal.
Er wand um die Locken den Purpurshawl;
Er hing um die Schultern die Löwenhaut;
Kriegerisch klirrte der Becken Laut. [2]

Wie Termiten [3] wogte der wilde Schwarm.
Den goldumreiften,[4] den schwarzen Arm
Schlang er um die Geliebte fest:
„Schmücke dich, Mädchen, zum Siegesfest!

Sieh', glänzende Perlen bring' ich dir dar! [5]
Sie flicht durch dein krauses, schwarzes Haar!
Wo Persia's Meerfluth Korallen umzischt,[6]
Da haben sie triefende Taucher gefischt.

Sieh', Federn vom Strauße! [7] laß sie dich schmücken,
Weiß auf dein Antlitz, das dunkle nicken!
Schmücke das Zelt! bereite das Mahl!
Fülle, bekränze den Siegespokal!" [8]

---

1, durchwogte, swept. 2, der Becken Laut, the din of kettle-drums. 3, Termiten, Termes (white ants). 4, goldumreiften, decked with golden rings. 5, bring' ich dar, I give. 6, umzischt, hisses around. 7, Strauße, ostrich. 8, Siegespokal, goblet of victory.

Aus dem schimmernden, weißen Zelte hervor
Tritt der schlachtgerüstete [1] fürstliche Mohr;
So tritt aus schimmernder Wolken Thor
Der Mond, der verfinsterte,[2] dunkle, hervor!

Da grüßt ihn jubelnd der Seinen Ruf,
Da grüßt ihn stampfend der Rosse Huf.
Ihm rollt der Neger treues Blut, [3]
Und des Nigers [4] räthselhafte Flut.

„So führ' uns zum Siege, so führ' uns zur Schlacht!"
Sie stritten vom Morgen bis tief in die Nacht.
Des Elephanten gehöhlter Zahn [5]
Feuerte schmetternd die Kämpfer an.

Es fleucht [6] der Leu,[7] es fliehn die Schlangen
Vor dem Rasseln der Trommel, mit Schädeln behangen.
Hoch weht die Fahne, verkündend Tod:
Das Gelb [8] der Wüste färbt sich roth.

So tobt der Kampf im Palmenthal!
Sie aber bereitet daheim das Mahl;
Sie füllt den Becher mit Palmensaft, [9]
Umwindet mit Blumen der Zeltstäbe Schaft. [10]

---

1, schlachtgerüstete, war-clad. 2, verfinsterte, eclipsed. 3, ihm ......Blut, for him flows the blood of his faithful negroes. 4, Niger, the river in Central-Africa, the sources of which were not yet discovered. 5, des Elephanten gehöhlter Zahn; the African negroes use the tooth of the elephant, which they hollow out, for a war-trumpet. 6, fleucht, (poet.) for flieht. 7, Leu poet. for Löwe. 8, das Gelb, i. e. der gelbe Sand. 9, Palmensaft, palm-sack, a wine made of the juice of dates. 10, Zeltstäbe Schaft, tent-poles.

Mit Perlen, die Persia's Flut gebar,[1]
Durchflicht sie das krause, schwarze Haar,
Schmückt die Stirne mit wallenden Federn, und
Den Hals und die Arme mit Muscheln[2] bunt.

Sie setzt sich vor des Geliebten Zelt;
Sie lauscht, wie ferne das Kriegshorn gellt.
Der Mittag brennt und die Sonne sticht:
Die Kränze welken, sie achtet's[3] nicht.

Die Sonne sinkt, und der Abend siegt;[4]
Der Nachtthau rauscht[5] und der Glühwurm fliegt.
Aus dem lauen Strom blickt das Krokodill,
Als ob es der Kühle genießen will.

Es regt sich der Leu und brüllt nach Raub,
Elephantenrudel durchrauschen das Laub.[6]
Die Giraffe sucht des Lagers Ruh',
Augen und Blumen schließen sich zu.

Ihr Busen schwillt vor Angst empor:[7]
Da naht ein flüchtiger blutender Mohr.
„Verloren die Hoffnung! verloren die Schlacht!
Dein Buhle gefangen, gen Westen gebracht!

Ans Meer! den blanken Menschen[8] verkauft!"
Da stürzt sie zur Erde, das Haar zerrauft,

1, gebar, **bore.** 2, Muscheln bunt, **varigated shells.** 3, achtet's, **heeds it.** 4, siegt, **conquers, supply** d e n T a g. 5, rauscht, **drips.** 6, Elephantenrudel durchrauschen das Laub, **herds of elephants tramp through the woods.** 7, schwillt empor, **swells, heaves.** 8, blanken Menschen, **the white men.**

Die Perlen zerdrückt sie mit zitternder Hand,
Birgt die glühende Wange im glühenden Sand.

2.

Auf der Messe,[1] da zieht es, da stürmt es hinan[2]
Zum Circus, zum glatten, geebneten Plan.
Es schmettern Trompeten, das Becken klingt,
Dumpf wirbelt die Trommel, Bajazzo springt.[3]

Herbei, herbei! — das tobt und drängt;
Die Reiter fliegen, die Bahn durchsprengt
Der Türkenrapp und der Britenfuchs;[4]
Die Weiber zeigen den üppigen Wuchs.

Und an der Reitbahn verschleiertem Thor
Steht ernst ein krausgelockter Mohr;[5]
Die türkische Trommel[6] schlägt er laut,
Auf der Trommel liegt eine Löwenhaut.

Er sieht nicht der Reiter zierlichen Schwung,
Er sieht nicht der Rosse gewagten Sprung.
Mit starrem, trocknem Auge schaut
Der Mohr auf die zottige Löwenhaut.

Er denkt an den fernen, fernen Niger,
Und daß er gejagt den Löwen, den Tiger;
Und daß er geschwungen im Kampfe das Schwert,
Und daß er nimmer zum Lager gekehrt;

---

1, Messe, fair. 2, da zieht es hinan, i. e. the people in some European city throng thither. 3, Bajazzo springt, the harlequin bounds. 4, der...... Britenfuchs, the Turkish steed and the British bay career through the lists. 5. krausgelockter, curly-haired. 6, türkische Trommel, kettle drum.

Und daß Sie Blumen für ihn gepflückt,
Und daß Sie das Haar mit Perlen geschmückt —
Sein Auge ward naß; mit dumpfem Klang
Schlug er das Fell, daß es rasselnd zersprang.

---

### Der Blumen Rache.

Auf des Lagers weichem Kissen
Ruht die Jungfrau, schlafbefangen,[1]
Tiefgesenkt[2] die blaue Wimper,
Purpur auf den heißen Wangen.

Schimmernd auf dem Binsenstuhle[3]
Steht der Kelch, der reichgeschmückte,
Und im Kelche prangen Blumen,
Duft'ge, bunte, frischgepflückte.

Brütend hat sich dumpfe Schwüle
Durch das Kämmerlein ergossen,
Denn der Sommer scheucht die Kühle,
Und die Fenster sind verschlossen.

Stille rings und tiefes Schweigen!
Plötzlich, horch! ein leises Flüstern!
In den Blumen, in den Zweigen
Lispelt es und rauscht es lüstern.[4]

---

1, schlafbefangen, **wrapt in sleep.** 2, tiefgesenkt, **deeply sunk.** 3, Binsenstuhle, **rush-chair.** 4, lüstern, **lustily.**

Aus den Blüthenkelchen schweben
Geistergleiche Duftgebilde; [1]
Ihre Kleider zarte Nebel,
Kronen tragen sie und Schilde.

Aus dem Purpurschooß [2] der Rose
Hebt sich eine schlanke Frau;
Ihre Locken flattern lose,
Perlen blitzen drin, [3] wie Thau.

Aus dem Helm des Eisenhutes [4]
Mit dem dunkelgrünen Laube [5]
Tritt ein Ritter keken Muthes:
Schwert [6] erglänzt und Pickelhaube.

Auf der Haube nickt die Feder
Von dem silbergrauen Reiher. [7]
Aus der Lilie schwankt [8] ein Mädchen;
Dünn, wie Spinnweb, ist ihr Schleier.

Aus dem Kelch des Türkenbundes [9]
Kommt ein Neger stolz gezogen; [10]
Licht auf seinem grünen Turban
Glüht des Halbmonds goldner Bogen.

Prangend aus der Kaiserkrone
Schreitet kühn ein Scepterträger;

1, geistergleiche Duftgebilde, **ghostlike, airy forms.** 2, Purpurschooß, **purple lap.** 3, drin, **in her hair.** 4, Eisenhutes, **monk's hood.** 5, Laube, **leaves.** 6, Schwert, **supply** sein. 7, Reiher, **heron.** 8, schwankt, **soars up slowly.** 9, Türkenbund, **Turk's cap.** 10, gezogen, **marching.**

Aus der blauen Iris folgen
Schwertbewaffnet[1] seine Jäger.

Aus den Blättern der Narcisse
Schwebt ein Knab' mit düstern Blicken,
Tritt an's Bett, um heiße Küsse
Auf des Mädchens Mund zu drücken.

Doch um's Lager drehn und schwingen
Sich die andern wild im Kreise;
Drehn und schwingen sich, und singen
Der Entschlafnen diese Weise:

„Mädchen, Mädchen! von der Erde
Hast du grausam uns gerissen,
Daß wir in der bunten Scherbe[2]
Schmachten, welken, sterben müssen!

O, wie ruhten wir so selig
An der Erde Mutterbrüsten,
Wo, durch grüne Wipfel brechend,
Sonnenstrahlen heiß uns küßten;

Wo uns Lenzeslüfte[3] kühlten,
Unsre schwanken Stengel beugend.
Wo wir Nachts als Elfen spielten,
Unserm Blätterhaus entsteigend.[4]

---

1, schwertbewaffnet, armed with a sword. 2, Scherbe, (broken) glass. 3, Lenzeslüfte, spring-zephyrs. 4, entsteigend, emerging from.

Hell umfloß uns Thau und Regen;
Jetzt umfließt uns trübe Lache;[1]
Wir verblühn, doch eh' wir sterben,
Mädchen! trifft dich unsre Rache!"

Der Gesang verstummt;[2] sie neigen
Sich zu der Entschlafnen nieder.
Mit dem alten dumpfen Schweigen
Kehrt das leise Flüstern wieder.

Welch' ein Rauschen, welch' ein Raunen:
Wie des Mädchens Wangen glühen!
Wie die Geister es anhauchen!
Wie die Düfte wallend ziehen!

Da begrüßt der Sonne Funkeln
Das Gemach; die Schemen weichen.
Auf des Lagers Kissen schlummert
Kalt die lieblichste der Leichen.

Eine welke Blume selber,[3]
Noch die Wange sanft geröthet;
Ruht sie bei den welken Schwestern, —
Blumenduft hat sie getödtet!

---

1, trübe Lache, stagnant water. 2, verstummt, is hushed. 3, selber, herself.

### Ruhe in der Geliebten.

So laß mich sitzen ohne Ende,
So laß mich sitzen für und für!
Leg' deine beiden frommen Hände
Auf die erhitzte Stirne mir!
Auf meinen Knie'en, zu deinen Füßen,
Da laß mich ruh'n in trunkner Lust;
Laß mich das Auge selig schließen
In deinem Arm, an deiner Brust!

Laß es mich öffnen nur dem Schimmer,
Der deines wunderbar erhellt;
In dem ich raste nun für immer,
O du mein Leben, meine Welt!
Laß es mich öffnen nur der Thräne,
Die brennend heiß sich ihm entringt;
Die hell und lustig, eh' ich's wähne,
Durch die geschloss'ne Wimper springt!

So bin ich fromm, so bin ich stille,
So bin ich sanft, so bin ich gut;
Ich habe dich — das ist die Fülle![1]
Ich habe dich — mein Wünschen ruht!
Dein Arm ist meiner Unrast Wiege,
Vom Mohn der Liebe süß umglüht;[2]
Und jeder deiner Athemzüge
Haucht mir in's Herz ein Schlummerlied!

---

1, die Fülle, supply meines Verlangens. 2, von.... umglüht, enveloped with the sweet opiate of ardent love

Und jeder ist für mich ein Leben! —
Ha, so zu rasten Tag für Tag!
Zu lauschen so mit sel'gem Beben
Auf unsrer Herzen Wechselschlag![1]
In unsrer Liebe Nacht versunken,
Sind wir entfloh'n aus Welt und Zeit:[2]
Wir ruh'n und träumen, wir sind trunken
In seliger Verschollenheit![3]

---

### Der Falk.

Die Fürstin zog zu Walde
Mit Jägern und Marschalk;[4]
Da sah sie reiten balde
Ein junger Edelfalk.[5]
Er sprach: „Wie klirrt dein Bügel;
Wie glänzt Agraff'[6] und Treff';
Wie locker hängt dein Zügel,
Holdselige Prinzeß!

Wie sitzest du zu Pferde
So königlich und schlank!
Wie weht zur grünen Erde
Dein Schleier weiß und lang!

1, auf ...... Wechselschlag, to the reciprocal beating of our hearts. 2, Welt und Zeit, space and time. 3, Verschollenheit, forgetfulness. 4, Marschalk, (obs.) steward. 5, Edelfalk, gentle falcon, red hawk. 6, Agraff', clasp.

Wie nickt dein Hutgefieder[1]
Vom flücht'gen wilden Ritt!
Wie zieret deine Glieder
Das knappe Jagdhabit!

O, könnt' ich deinen Reizen
Allzeit ein Diener sein!
Den Reiher wollt' ich beizen,[2]
Herrin, für dich allein!
Ich wollte mit ihm ringen,
Dein starkes Federspiel,[3]
Bis er, mit blut'gen Schwingen,
Zu deinen Füßen fiel'!"

Bezwungen von Verlangen,
Duckt er in's Haideland;
Er läßt sich willig fangen
Von eines Pagen Hand.
Der bietet ihn der Holden
Dar, mit gebognem Knie;
Mit einem Ringe golden
Schmückt den Gefangnen sie.

Nun muß er sie begleiten;
Mit seiner krummen Klau'
Muß er für sie bestreiten
Den Reiher, silbergrau.

1, Hutgefieder, plume. 2, beizen, **hunt.** 3, dein starkes Federspiel, **a hard combat for thee.**

Er trägt eine Lederkappe,
Sie nimmt ihn mit auf's Pferd.
Burgherr [1] und Edelknappe
Hält ihn des Neides werth.

---

### O lieb', so lang du lieben kannst!

O lieb', so lang du lieben kannst!
O lieb', so lang du lieben magst!
Die Stunde kommt, die Stunde kommt,
Wo du an Gräbern stehst und klagst!

Und sorge, daß dein Herze glüht
Und Liebe hegt und Liebe trägt,
So lang ihm noch ein ander Herz
In Liebe warm entgegenschlägt![1]

Und wer dir seine Brust erschließt,
O thu' ihm, was du kannst, zu lieb!
Und mach' ihm jede Stunde froh,
Und mach' ihm keine Stunde trüb!

Und hüte deine Zunge wohl,
Bald ist ein böses Wort gesagt!
O Gott, es war nicht bös gemeint, —
Der Andre aber geht und klagt.

---

1, Burgherr, lord. 2, entgegenschlägt, beats in return.

O lieb', so lang du lieben kannst!
O lieb', so lang du lieben magst!
Die Stunde kommt, die Stunde kommt,
Wo du an Gräbern stehst und klagst!

Dann kniest du nieder an der Gruft,
Und birgst die Augen trüb und naß,
— Sie sehn den Andern nimmermehr —
In's lange, feuchte Kirchhofsgras.

Und sprichst: O schau' auf mich herab,
Der hier an deinem Grabe weint!
Vergib, daß ich gekränkt dich hab'!
O Gott, es war nicht bös gemeint!

Er aber sieht und hört dich nicht,
Kommt nicht, daß du ihn froh umfängst;
Der Mund, der oft dich küßte, spricht
Nie wieder: ich vergab dir längst!

Er that's, vergab dir lange schon,
Doch manche heiße Thräne fiel
Um dich und um dein herbes Wort —
Doch still — er ruht, er ist am Ziel![1]

O lieb', so lang du lieben kannst!
O lieb', so lang du lieben magst!
Die Stunde kommt, die Stunde kommt,
Wo du an Gräbern stehst und klagst!

---

1, Ziel, goal.

## SPRINGER.

**(Epilogue of the Poet.)**

**The knight at chess. is called in German "Springer", because he overleapes several "Felder" (squares), on every move. The fugitive poet compares himself with this man, as the emblem of hasty motions.**

### Springer.

[1] Kein besser Schachbrett, als die Welt:
Zu Limmat [2] rück' ich von der Schelde!
Ihr sprengt mich wohl [3] von Feld zu Feld,
Doch schlagt ihr mich nicht aus dem Felde!

So ist es eben in dem Schach
Der Freien wider die Despoten:
Zug über Zug und Schlag auf Schlag,[4]
Und Ruh' wird keine nicht [5] geboten!

Mir ist, als müßt' ich auch von hier
Den Stab noch in die Weite setzen;[6]
Als würden auch aus Tell's Revier [7]
Die Launen dieses Spiels mich hetzen!

---

1, supply: es giebt. 2, zu Limmat ...... Schelde, to the Limmat, (a river in Switzerland) I move from the Schelde, (a river in the Netherlands), i. e. I must fly from Holland, where I am safe no longer, to Switzerland. 3, Zug ...... Schlag, move upon move, blow upon blow. 4, Ihr sprengt mich wohl, you may drive me. 5, keine nicht, not any, (the two negatives is a poetical licence). 6, Den Stab ...... setzen, resume my wandering staff. 7, Tell's Revier, the land of Tell.

Ich bin bereit! Noch braust das Meer
Um Norweg's [1] freie Bauernstätten;[2]
Noch rasselt es von Frankreich her,
Wie Klirren von gebrochnen Ketten!

Kein flüchtig Haupt hat Engelland
Von seiner Schwelle noch gewiesen;
Noch winkt mir eine Freundeshand
Nach des Ohio lust'gen Wiesen!

Von Dorf zu Dorf, von Stadt zu Stadt,
Von Land zu Land — mich schiert es wenig![3]
Kein Zug des Schicksals setzt mich matt: —[4]
Matt werden kann ja nur der König![5]

---

## REVEILLE.

### A Song.

written for the celebration of the first anniversary of the Prussian revolution, on the Gürzenich, (a large building for public assemblies), in Cologne, March 19, 1849.

### Reveille.

Frisch auf zur Weise von Marseille,[6]
Frisch auf ein Lied mit hellem Ton!
Singt es hinaus als die Reveille [7]
Der neuen Revolution!
Der neuen Revolution!

---

1, Norweg, for: Norwegen. 2, Bauernstätten, peasant-cots. 3, Mich schiert es wenig, it little troubles me. 4, Kein Zug ......matt, no stroke of fate can set me mate, (tire me out). 5, Matt ...... König, for the king only can be check-mated, (become tired). 6, frisch...... Marseille, cheer up at the tune of the Marseille Hymn. 2, Reveille, tattoo.

Der neuen, die mit Schwert und Lanze
Die letzte Fessel bald zerbricht —
Der alten, halben [1] singt es nicht!
Uns gilt die neue nur, die ganze!
Die neue Rebellion!
Die ganze Rebellion!
Marsch, Marsch!
Marsch, Marsch!
Marsch — wär's zum Tod!
Und uns're Fahn' ist roth! (bis.[2])

Der Sommer reift des Frühlings Saaten,[3]
Drum folgt der Juni auf den März.
O Juni, komm und bring' uns Thaten!
Nach frischen Thaten lechzt das Herz!
Nach frischen Thaten lechzt das Herz!
Laß deine Wolken schwarz sich ballen,
Bring' uns Gewitter Schlag auf Schlag!
Laß in die ungesühnte Schmach
Der Rache Donnerkeile [4] fallen!
Die neue Rebellion!
Die ganze Rebellion!
Marsch, Marsch!
Marsch, Marsch!
Marsch — wär's zum Tod!
Und uns're Fahn' ist roth! (bis.)

---

1, halben, (half one) incomplete. 2, bis, (Gallic.) to be repeated. 3, Saaten, crops. 4, Donnerkeile, thunder-bolts.

An uns're Brust, an uns're Lippen,
Der Menschheit Farbe, heil'ges Roth!
Wild schlägt das Herz uns an die Rippen —
Fort in den Kampf! Sieg oder Tod!
Fort in den Kampf! Sieg oder Tod!
Hurrah, sie[1] sucht des Feindes Degen,
Hurrah, die ew'ge Fahne wallt!
Selbst aus der Wunden breitem Spalt
Springt sie verachtend[2] ihm entgegen!
Die neue Rebellion!
Die ganze Rebellion!
Marsch, Marsch!
Marsch, Marsch!
Marsch — wär's zum Tod!
Und uns're Fahn' ist roth! (bis.)

---

## Die Auswanderer.

Ich kann den Blick nicht von euch wenden;
Ich muß euch anschaun immerdar:
Wie reicht ihr mit geschäft'gen Händen
Dem Schiffer eure Habe dar![3]

Ihr Männer, die ihr von dem Nacken
Die Körbe langt, mit Brod beschwert,
Das ihr aus deutschem Korn gebacken,
Geröstet habt auf deutschem Herd;

---

1, Sie (der Menschheit Farbe, heil'ges Roth, i. e. blood).
2, verachtend, in (self-) contempt. 3, reicht dar, hand over.

Und ihr, im Schmuck der langen Zöpfe,
Ihr Schwarzwaldmädchen [1] braun und schlank,
Wie sorgsam stellt ihr Krüg' und Töpfe
Auf der Schaluppe grüne Bank!

Das sind dieselben Töpf' und Krüge,
Oft an der Heimath Born gefüllt;
Wenn am Missouri Alles schwiege,
S i e malten euch der Heimath Bild:

Des Dorfes steingefaßte [2] Quelle,
Zu der ihr schöpfend [3] euch gebückt,
Des Herdes traute Feuerstelle,
Das Wandgesims,[4] das sie geschmückt.

Bald zieren sie im fernen Westen
Des leichten Bretterhauses [5] Wand;
Bald reicht sie müden braunen Gästen,[6]
Voll frischen Trunkes, eure Hand.

Es trinkt daraus der Tscherokese,[7]
Ermattet, von der Jagd bestaubt;
Nicht mehr von deutscher Rebenlese
Tragt ihr sie heim, mit Grün belaubt.[8]

O sprecht! warum zogt ihr von dannen?
Das Neckarthal hat Wein und Korn;

---

1, Schwarzwaldmädchen, Black-Forest maidens. 2, steingefaßte, stone - encircled. 3, schöpfend; supply Wasser. 4, Wandgesims, mantle-piece. 5, Bretterhauses, log-cabin. 6, braunen Gästen, red guests (Indians). 7, Tscherokese, Cherokeese. 8, mit Grün belaubt, hung with green leaves.

Der Schwarzwald steht voll finst'rer Tannen,
Im Spessart [1] klingt des Aelplers Horn.

Wie wird es in den fremden Wäldern
Euch nach der Heimathberge Grün,
Nach Deutschlands gelben Weizenfeldern,
Nach seinen Rebenhügeln zieh'n!

Wie wird das Bild der alten Tage
Durch eure Träume glänzend wehn!
Gleich einer stillen, frommen Sage
Wird es euch vor der Seele stehn.

Der Bootsmann winkt! — Zieht hin [2] in Frieden:
Gott schütz' euch, Mann und Weib und Greis!
Sei Freude eurer Brust beschieden, [3]
Und euren Feldern Reis und Mais!

---

1, Spessart, a woody mountain-district in the West of Germany, belonging in part to Bavaria and in part to Hesse. 2, zieht hin, go, hence! 3, beschieden, alotted.

# CONTENTS.

## Johann Wolfgang von Goethe.

## Johann Christoph Friedrich von Schiller.

Page

## Gottfried August Bürger.



## Ludwig Uhland.



## Friedrich Rückert.

## Ludolf Adalbert von Chamisso.



## Heinrich Heine.

# HENRY HOLT & CO'S
# EDUCATIONAL WORKS.

## ENGLISH.

☞ *The prices are for cloth lettered, unless otherwise expressed.*

**American Science Series,** for High Schools and Colleges. In large 12mo volumes........................................

**Bain.** Brief English Grammar. 18mo. Boards, 45c.; Key.............. $0 45
——— Higher English Grammar.............................. 80
——— Composition Grammar.................................. 1 40
**Corson.** Handbook of Anglo-Saxon and Early English. 12mo........... 2 50
**Cox.** Mythology. 16mo. Cloth.................................. 90
**Freeman.** Historical Course for Schools. 16mo.
I. General Sketch of History, $1.40. II. History of England, $1.00. III. History of Scotland, $1.00. IV. History of Italy, $1.00. V. History of Germany, $1.00. VI. History of the United States, $1.25. VII. History of France.................................. 1 00
**Gostwick and Harrison.** Outlines of German Literature. 12mo....... 2 50
**Handbooks** for Students and General Readers:—Astronomy, 60c.; Practical Physics, 60c.; The Studio Arts, 60c.; Zoölogy of the Invertebrates, 60c.; Zoölogy of the Vertebrates, 60c.; Zoölogy, $1.00; Handbook of American Politics, 75c.; History of the English Language, $1.00; Mechanics'. 60c. *Other volumes in preparation.*
**Koehler.** Practical Botany. 12mo................................ 2 50
**Sewell and Urbino.** Dictation Exercises. 16mo. Boards............. 55
**Shute.** Anglo-Saxon Manual. 12mo................................ 1 50
**Skinner.** Approximate Computations. 16mo......................... 1 20
**Siglar.** English Grammar. 12mo. Boards........................... 70
**Taine.** English Literature. Condensed for Schools. 12mo............. 2 00
**White.** Classic Literature. 12mo.................................. 2 2[illegible]
**Yonge (Miss).** Landmarks of History. I. Ancient, 12mo, 95c.; II. Mediæval, 12mo, $1.10; III. Modern, 12mo.............................. 1 4[illegible]

## FRENCH.

**Æsop.** Fables in French. With a Dictionary. 18mo.................. $0 6[illegible]
**Bibliotheque** d'Instruction et de Recréation.
*Achard.* Clos-Pommier, et les Prisonniers, par Xavier de Maistre.... 8[illegible]
*Bédoliere.* Mère Michel. New Vocabulary, by Pylodet.............. 7[illegible]
*Biographies* des Musiciens Célèbres.............................. 1 2[illegible]
*Erckman-Chatrian* Conscrit de 1813. With Notes.................... 1 10
*Fallet.* Princes de l'Art........................................ 1 50
*Feuillet.* Roman d'un Jeune Homme Pauvre.......................... 1 10
*Foa.* Contes Biographiques. With Vocabulary........................ 1 00
——— Petit Robinson de Paris. With Vocabulary...................... 85
*Macé.* Bouchée de Pain. With Vocabulary............................ 1 25
*Porchat.* Trois Mois sous la Neige................................ 85
*Pressensé.* Rosa. With Vocabulary. By L. Pylodet................... 1 25
*Saint Germain.* Pour une Epingle. With Vocabulary.................. 1 00
*Sand.* Petite Fadette............................................. 1 25
*Segur.* Contes (Petites Filles Modèles; Les Gouters de la Grand'-Mère) 1 00
*Souvestre.* Philosophe sous les Toits.............................. 75

**Sauveur.** Petites Causeries. 12mo........ $1 25
—— Causeries avec les Enfants. 12mo........ 1 25
—— Fables de la Fontaine. 12mo........ 1 50
**Witcomb** and **Bellenger.** French Conversation. 18mo........ 65
**Zender.** Abécédaire. French and English Primer. 12mo. Boards........ 50

## GERMAN.

☞ *The prices are for paper covers, unless otherwise expressed.*

**Andersen.** Bilderbuch ohne Bilder. With Notes. 12mo........ $0 30
—— Die Eisjungfrau, etc. With Notes. 12mo........ 50
**Carove.** Das Maerchen ohne Ende........ 25
**Evans.** Otto's German Reader. Half roan........ 1 35
—— Deutsche Literaturgeschichte. 12mo. Cloth........ 1 40
**Eichendorff.** Aus dem Leben eines Taugenichts. 12mo........ 50
**Elz.** Three German Comedies. 12mo........ 35
**Fouque.** Undine. With Vocabulary. 12mo........ 40
**Goethe.** Egmont. With Notes........ 50
—— Herrman und Dorothea. With Notes. 12mo........ 35
**Grimm.** Venus von Milo; Raphael und Michael Angelo. 12mo........ 50
**Heness.** Der Leitfaden. 12mo. Cloth........ 1 50
—— Der Sprechlehrer unter seinen Schülern........ 1 35
**Heyse.** Anfang und Ende. 12mo........ 30
—— Die Einsamen. 12mo........ 25
**Keetels.** Oral Method with German. 12mo. Half roan........ 1 60
**Koerner.** Zriny. With Notes........ 60
**Klemm.** Lese und Sprachbuecher. In 8 concentrischen Kreisen. 12mo..
—— Geschichte der Deutschen Literatur........ 1 50
**Krauss.** Introductory German Grammar. 12mo. Cloth........ 95
**Lessing.** Minna von Barnhelm. In English, with German Notes. 12mo........ 50
—— Emilia Galotti. 12mo........ 40
**Lodeman.** German Conversation Tables. 12mo. Boards........ 35
**Mügge.** Riukan Voss. 12mo........ 30
—— Signa die Seterin. 12mo........ 30
**Nathusius.** Tagebuch eines Armen Fraeuleins. 12mo........ 60
**Otto.** German Grammar. 12mo. Roan, $1.60; Key........ 75
—— Evans' German Reader. With Notes and Vocab. 12mo. Roan........ 1 35
—— First Book in German. 12mo. Boards........ 35
—— Introductory Lessons; or, Beginning German. 12mo. Cloth........ 95
—— Introductory Reader. With Notes and Vocabulary. 12mo. Cloth. 1 20
—— Translating English into German........ 1 00
**Prinzessin Ilse.** With Notes. 12mo........ 25
**Putlitz.** Was sich der Wald Erzaehlt. 12mo........ 30
—— Badekuren. With Notes. 12mo........ 30
—— Das Herz Vergessen. With Notes. 12mo........ 30
—— Vergissmeinnicht. With Notes. 12mo........ 25
**Schiller.** Jungfrau von Orleans. With Notes. 12mo........ 50
—— Wallenstein's Lager. With Notes. 12mo........ 40
—— Die Piccolomini. With Notes. 12mo........ 50
—— Wallenstein's Tod. With Notes. 12mo........ 50
—— Wallenstein. Complete. 12mo. Cloth........ 1 50
—— Der Neffe als Onkel. With Notes and Vocabulary........ 50
**Simonson.** German Ballad Book. With Notes. 12mo. Cloth........ 1 40

Stanford University Libraries
3 6105 023 679 934

Lightning Source UK Ltd.
Milton Keynes UK
UKHW020118220622
404760UK00003B/196

9 780270 556100